王一凡——著

推薦序

讀完這本書，你會愛上唐朝

江仲淵　「歷史說書人History Storyteller」粉專創辦人

唐朝，一副富庶繁榮、萬國來朝，恨不得把錢灑在天空的形象，它是中國文明最繁榮的一段時光，論文化之壯盛、軍事之發達、經濟之富裕，其他盛世都難以望其項背。白居易〈長恨歌〉描述：「憶昔開元全盛日，小邑猶藏萬家室。稻米流脂粟米白，公私倉廩俱豐實。」一首詩便道出開元盛世的強盛景象。

其實，唐朝何止強盛，如果把中國歷朝歷代比喻為一個大班級，唐朝就是在學校會讀書又會玩的高材生。正是在唐朝，中國和西域的交往開始頻繁密切，商業貿易呈現大幅上升，當時長安城裡，每日熱鬧非凡，〈長安古意〉云：「長安大道連狹斜，青牛白馬七香車。玉輦縱橫過主第，金鞭絡繹向侯家。」

文化的多元體現在唐朝人的生活，綜合國力的強盛，打開唐朝人的眼界，平民的人生不再只是苟且一餐溫飽，而多了享受生活的詩與遠方。活力的大唐，誕生出中國最人性的盛世，我們再舉三個領先時代的例子來看：

一、**離婚**：唐朝是少數尊重女性的離婚自主權的年代，官方開始主導協議離婚，在當時叫「和離」。

二、**住房**：唐朝對貧富差距十分看重，住房之上人人平等，不許有錢的大爺們蓋高大的房子「造樓閣臨視人家」。

三、**宗教**：一個人在衣食無虞時往往會追尋精神上的自由，而玄奘大師的求經之路正是這個時候才能有的故事。

除此之外，大唐是少數女人地位得到重視的朝代，女性可以大膽裝飾自己的外貌，看看她們如何梳妝打扮，將錦羅玉衣一層一層地穿搭起來，我們會驚訝地發現，這些古人絲毫不亞於現代的時尚大家。

也許就現代的眼光看來，唐朝的時尚至今仍有我們無法比肩之處，在那樣國力強盛至極的時代，開放程度會有令人驚異，我們可以從書籍中慢慢細品。

這本書最特別的地方在於跳出常規的論述，擺脫了不能變通的慣例，作者用自己整理的史實資料，重新構建一個時尚鮮活的大唐生活，將主題焦點拉近到人的層面，細聽其娓娓道來，分頭講述唐朝的飲食文化、穿搭藝術、婚姻愛情、居住買房、宗教哲學，走進長安城的繁華景象，在街道上觀賞春天的牡丹花，聆聽人群的歡聲笑語。

盛唐雖然已是一千年以前的事情，我們卻能以文字來重新憶起強盛時代的立體形象。唐朝是時尚的，是迷人的，讀完這本書，相信你也會愛上那個時代。

前言

有時候覺得做個西安人還挺自豪的，大概是因為西安曾經有個特別響亮的名字叫「長安」吧！西安人只要一聽到有人提到「長安」，就等不及別人把話說完，恨不能馬上告訴他：「長安，長安，那是我老家。」

長安是我的老家，很老很老的老家。有多老呢？老到好多好多年以前。長安那時非常爭氣，全世界的眼睛都朝這裡看，是真正的國際化大都市，莫說現在的北上廣（北京、上海、廣州），就是倫敦、巴黎、紐約等城市，和當年的長安城都沒辦法相比。所以西安人就比較神氣，一說起長安，總感覺底氣特別充足。

那麼長安有些什麼呢？西安人會掰著指頭數數，城牆、鐘樓、大雁塔，秦始皇陵裡的土娃娃。他們說在西安隨便哪個旮旯拐角撿塊磚頭，搞不好都是文物。

文物是什麼呢？

有一天我在古玩市場見到一個銀質的仿唐香囊，做工十分精緻，以假亂真。我拿在手裡玩著，對同伴說：「這在唐代叫香囊。」

老闆急著說：「這怎麼會是香囊呢？明明就是香爐嘛！」邊說還邊打開來指著裡面的內核說：「你看，這不是放香的地方嗎？」

但這真的就是唐代女子掛在裙擺或帳子上的香囊啊！那個內核原本就是用來放香料的。這玩意兒掛在大姑娘、小媳婦的裙擺上，一走一晃，香味就能飄出來，和今天的香水一樣。

老闆堅持認為香囊是用絲織物製成，連周圍的人也跟著幫腔。沒有辦法，我手上沒帶任何資料可以證明這東西在唐朝的確叫「香囊」。我問同伴這是不是就叫「秀才遇見兵」，同伴不是西安本地人，但他說：「是時候替西安人民普及一下大長安文化了。」

同伴說的「大長安文化」，某種意義上可以代表大唐文化。西安人自豪的也是唐朝在這塊地盤上創下的、令全世界瞪大眼睛想要一睹風采的盛世繁華。這些人來了，跑到西安想看唐朝的大美女，想聽李太白在月亮底下念的「花間一壺酒，獨酌無相親」，想知道神祕又開放的王朝究竟是什麼樣。最後他們發現，西安人講最多的竟然只有大雁塔和唐三藏，他們也說鐘樓和城牆，但那屬於明朝。

其實這也不能怪西安人，唐朝的長安再繁華，再令世界矚目，也是一千多年前的事情，除了大雁塔實實在在地立在他們眼前，還沒有坍塌外，長安的故事早就變成一陣風。有些做學問的人把這些故事寫在書裡，但多半都藏進學校的圖書館，變成高深莫測的學問，只有那些專家和教授才能搞懂。

所以我寫了這本書，想把那些深藏在學院派教科書裡的故事倒騰出來給長安鄉親們聽，也想給那些在這片土地上尋找大唐故事的朋友們聽。總有一天會有人讀到這些故事，到那個時候，他會心滿意足地說：「原來，唐朝人就是這麼過日子。」

目錄 CONTENTS

婚戀篇

居住篇

宗教篇

飲食篇

人是鐵，飯是鋼

第一次看老杜詩裡說：「紫駝之峰出翠釜，水精之盤行素鱗。」心裡老是琢磨唐朝人吃的都是什麼玩意兒呢？聽起來實在是非常有品味。再看「黃門飛鞚不動塵，御廚絡繹送八珍」的場面，真是恨不能馬上穿越回去，先不說能不能大飽口福，過一過眼福也可以啊！

可是後來我覺得不行，真要回去，恐怕還會面臨許多問題。比方說，唐朝時還沒有辣椒，它是明末清初才傳到中國的，假如真的回到大唐，對我這個無辣不成飯的陝西人來說，簡直會活不成；還有最重要的一點，據說唐朝人愛吃羊肉，但我絕對受不了那股腥羶氣味。哦！大唐啊！到底還有什麼樣的美食可以誘惑我穿越呢？

同樣都是肉，待遇就是不一樣

講唐朝人的美食前，先講個小故事吧！

故事發生在五代時期，也就是緊接著唐以後的那個短小時代。主人公是一位叫做李載仁的官員，他與唐朝有些瓜葛，都姓李嘛，正經八百李唐王朝的後裔。

有一天，李載仁下班回到家，剛進門就看見兩個下人在打架。多半是在衙門受了些上司的氣，心裡正不爽，一看這兩個不長眼的下人居然還打架，立即怒從心頭起——罰，重重地罰。

可是李官員體罰下人的方式實在有些特殊，他怒氣衝衝地派人從廚房拿來一盆豬肉——真的是豬肉，丟在兩個打架的人面前說：「罰你二人現在就給我把這些豬肉吃下去。」

故事講到這，你一定覺得很好笑，這種懲罰方式要不要一天多來幾回呢？這位姓李的官員該不會腦子壞掉了吧?!這哪是懲罰，簡直就是以吃豬肉的方式來鼓勵下人打架呀！

你還真別笑，大概在這位李姓官員的心裡，真的覺得再沒有任何懲罰方式比讓下人吃豬肉更解恨啦！為什麼這樣說呢？不要著急，聽我娓娓道來。

剛才說過，這位李姓官員是大唐李氏王朝的後裔，在他的祖宗的祖宗那一代，豬肉極不受歡迎。唐朝人認為吃豬肉會「閉血脈，弱筋骨，壯風氣」，吃多了容易得一種風病，所以唐朝人都不愛吃豬肉。這位李載仁拿豬肉給兩個打架的下人，在當時實在是一種不怎麼厚道的心腸。

還有一種說法其實比得風病噁心多了，我真不想說，怕影響你們以後對豬肉的胃口。可是如果不說，又覺得愧對一位「知無不言，言無不盡」寫書人的良心。

事實其實是這樣的，唐朝時，豬都養在廁所裡。這還真不是瞎說，好多年以前，我和父母回農村老家，就見過這樣的情形——廁所養著兩頭大黑豬。想要上廁所，後面幾隻大眼睛就那麼目不轉睛地盯著看，嚇得我褲子沒有穿好就跑出來。這種養豬方式大概是從古代一直延續下來的，至少在唐代的農村還是這麼養豬。唐朝人覺得豬是吃「那些東西」長肥的肉，吃豬肉豈不是就像吃那些東西一樣嗎？所以他們不太願意吃豬肉。這下知道為什麼李姓官員懲罰下人一定要給他們吃豬肉了吧？

除了豬肉，唐朝人也不太吃牛肉，但原因大不相同。

農耕時代，牛是非常重要的勞動夥伴，即使是現在的農村，很多農民依舊把牛當作朋友、甚至家人似地看待。所以在唐朝，人們就編了很多有關吃牛肉而遭到報應的故事。比如有個叫王雲略的人，有一天要殺一頭牛，牛不樂意，拚命反抗，情急之下，他拿刀子刺向牛的眼睛，結果第二天他的眼睛就開始噴血了。

這樣的故事還有很多。

有一個人因為愛吃牛頭，結果遭到報應，兩隻腳都爛掉了；又有一對夫妻因為愛吃牛肉，後來就活活脹死；還有一個人一吃牛肉身上就長瘡。我們先不討論這些故事是真是假，光是唐朝人能編出這些故事，是有多想保護他們的牛朋友呀！如果真的穿越回唐朝，你要是想吃一塊烤牛排，最好悄悄的，萬一被發現了，搞不好就會被大唐百姓群起而攻之，至少也會詛咒你頭上長瘡或腳下流膿的報應。

豬肉不敢吃，牛肉不讓吃，大唐人民難道不沾葷腥嗎？當然不是。前面說了，大唐人民都愛吃羊肉。

唐朝是一個多民族融合的大時代，就連皇帝家都帶著鮮卑族血統，所以他們從來不排斥外來民族。今天西安的大唐西市、回坊上還可以清楚看到當年外來民族留在這座城市的印跡。

這些外來民族在當時有個統一的稱呼叫「胡族」，他們進入長安後，熱情好客又極具學習能力的長安人民，立即接納了他們和他們的風俗文化，整個長安一時盡颳「哈胡風」：胡人的打扮，胡人的舞蹈，胡人的喜好，當然也包括胡人愛吃羊肉的習慣。

《唐六典》有一條關於當時朝廷每個月向一位親王供給食材的記載，別的先不說，就看肉的供給，每個月「給羊二十口，豬肉六十斤，魚二十頭……」，這是一條非常重要的資訊，能讓我們了解在一家親王府的廚房，羊肉顯然占了好大的地盤，豬肉只有六十斤，半隻豬的體積都不到。這足以說明，羊肉在唐朝人廚房的至高地位。

唐朝人吃羊肉不拘一格，吃得花樣百出，名字取得也很有感染力，如「紅羊枝杖」，其實就是烤全羊；還有「逡巡醬」，「逡巡」是遲疑徘徊的意思，這個就是在鍋裡來回攪拌製成的一種醬，由羊肉沫和魚肉沫拌成。一魚一羊，這道醬聽起來是不是非常新「鮮」呢？

好了，現在提到魚肉。

魚是南方人的最愛，道地的長安人不怎麼愛吃魚。雖然如此，他們如果真的吃起魚來，那可是有些講究，最時髦的吃法就是「刺身」。

什麼?!唐朝人就會吃刺身了嗎？

大唐西市全景模型

沒有聽錯，你以為吃生魚片是日本人的專利嗎？錯。早在一千多年前，會吃的大唐人就已經嘗過生魚片的美味。不過那個時候不叫「刺身」，這是日本人的叫法，大唐人叫「切鱠」。他們不僅會把魚肉切成透明薄片，有時也會切成一條一條的細絲，淋上丁油（明油），拌上蔥絲、芥末，還有顏色鮮豔的青紅絲。日本人當時視大唐為大哥，什麼都學大唐，學蓋房子，學穿衣服，連吃生魚片的本事也學去了，學到後來就好像成為他們的專利，最後連我們自己都忘記，其實這道美食本是大漢民族的原創。

好了，聊了這麼長時間的肉，我也有些餓了，該是吃午飯的時間了，我已經聞到廚房裡紅燒雞翅的香味啦！說到雞，我再多說幾句，我們總說「雞鴨魚肉」，唐朝人吃不吃雞肉呢？

不光是雞，唐朝人也會吃鴨和鵝，不過很奇怪，在唐朝人眼裡，牠們可算不上肉類。「肉食」在唐朝人的概念裡，僅是指豬、牛、羊之類，這些長翅膀的雞、鴨、鵝，在那個時候還沒有被劃入「肉類食品」的行列。

在大唐，開家麵點鋪子吧！

吃過午飯，雖然胃脹得滿滿，但還是想繼續和大家聊聊大唐美食。沒有辦法，嘴饞擋不住，剛吃過紅燒雞翅，心裡就開始惦記著餐後點心。

說起點心，話題就不得不再回到大唐，因為「點心」這個詞，確確實實是大唐人民發明的。

唐朝人的日子過得講究，家裡來了客人，總要在正餐前準備些餅餌果品來招待，他們稱為「茶食」，其實就是現在說的「點心」。不過那個時候，「點心」這兩個字的意思和現在不一樣，唐朝的「點心」是動詞，指的是正餐以前先墊墊肚子充饑的意思。而可以當作「點心」的東西可就五花八門了，蒸的、烤的、炸的、煮的，都可以用來「點心」一下。

看過電視劇的人都知道，集美貌、智慧和皇權於一身的武則天，特別愛吃百花糕。百花糕是當時唐朝宮廷特別受歡迎的一道點心，不僅聞起來有花的香氣，樣子也做得精緻、好看，吃到嘴裡更是鬆軟綿香，回味無窮。可惜百花糕在當時是宮廷點心，縱然我真的穿越回去，也不知道能不能嘗到。

好在高手在民間。

以大唐人民的聰明智慧，加上精湛的做糕手藝，什麼樣的點心做不出來呢？宮裡有的，民間依然做得到。有一種「水晶龍鳳糕」，光是名字就已經夠豪華、夠氣派了吧！這是一種用糯米做成的糕，據說蒸出來後又白又亮，像水晶一樣。糕面上有棗子做成的龍鳳圖，既喜氣又好看；還有一種「七返糕」，名字聽起來似乎平淡無奇，但做起來卻相當費功夫，得先將表面壓得又薄又平，然後抹上油，再反覆翻轉折疊，最後出來的樣子就像一朵花。

說了半天，我們都在說唐朝點心的「蒸」功夫，不過以我的經驗，烤出來的點心似乎更好吃，難道大唐人民不知道這個道理嗎？那可就太小瞧他們了，大唐人民早就會使用一種叫做「公廳爐」的烤爐，用來製作「烤」出來的點心。

「公廳爐」是一個巨大爐子，一般公家的大食堂都有，專門用來烤製食品。和現在的烘焙一樣，唐代的烘烤工藝也有模具，比如最有名的「曼陀樣夾餅」，就是用橢圓形的模子做出來的，外型很像曼陀羅的果實，中間有餡。想像那個味道，會不會和今天的銅鑼燒差不多呢？

「玉露團」這個名字聽起來好像遇火就會熔化的樣子，但其實也是一種烤出來的點心。值得一提的是，這種點心已經用到了「糖」。

唐朝已經有糖。

唐朝以前的中國人也吃甜食，不過一般都是用自然糖和飴糖。什麼是自然糖呢？就是蜂蜜，而飴糖則是用高粱做的糖。

我現在說的「糖」是「蔗糖」，這種製糖工藝是唐朝人從印度學來的。不過蔗糖在當時絕對算是奢侈品，不像現在隨便走到哪都買得到，就是富貴人家也不敢豪邁使用。所以，這道

「玉露團」自然身價不菲，因為它的主料用到糖呀！

本來是在說點心，說著說著就想起我的奶奶了。小時候，奶奶最會做的西安本地點心是「饊子」。麵裡裹了芝麻和糖，做成像菊花的形狀，放油鍋裡一炸，金黃色的，又酥又脆。現在好多西安人逢年過節還會做這個，不過可能很少有人知道，唐朝的長安城裡早就有人會做這道點心了。

唐朝人除了蒸和烤，炸的技術也不錯。就拿饊子來說，他們做得很有品味。用酥油、蜜水和麵揉和在一起，再拉成細細的長條，塗上黑芝麻，然後擰成辮子，下油鍋一炸，唐朝的饊子就完成了。

還有一種油炸的點心叫「見風消」，做法是把糯米搗成粉，與蜜汁、酒釀、糖和在一起，壓成薄薄的皮，烤過後晾起來風乾，吃之前用油輕輕炸一下就起鍋——不過到底是什麼味道呢？誰也沒有嘗過，畢竟現在的超市裡，再也買不到「見風消」了。

話說回來，油炸食品多少還是有些不健康，不宜多吃，要不要來道水煮的點心嘗嘗呢？點心還有煮著吃的嗎？怎麼沒有，有一道「漢宮棋」就是煮著吃的麵點呀！

說起這道水煮點心，其實還挺有來頭。據說一代女皇武則天是個象棋高手，所以那時宮廷大興象棋之風。「漢宮棋」大概就是受此影響，把麵點做成象棋那般圓敦厚實的樣子，裡面裹餡，有三鮮、蝦肉、雞絲等各種口味，表面印了花，就成為一道非常迎合宮廷之風的點心。

其實說起唐朝人「點心」的麵食小吃，還有很多很多，我要是坐在這不離開，說個一天一夜怕也說不完。怎麼辦呢？曹操當年望梅可以止渴，那我也只能靠說說這幾樣小吃解解饞吧！如果有人說，單憑蒸、烤、炸、煮好像還是不夠味道，想來道小炒，那可就有點難為我了。唐朝時期，「炒」是極為少見的烹調技術，要我幫你找出來，恐怕至少要跑到宋朝以後才能見得到啦！

唐朝人都吃什麼飯？

瞧，我東拉西扯地說了這麼多，才突然發現竟然到現在還沒有說到正題，畢竟大唐人民也不是整天光靠點心過日子，他們總要吃飯呀！唉，我這人就是不太好好吃飯，總指望吃零食過日子，所以你看，差點就忘記大唐人民的主食了。

走，去看看他們的正餐，平時都吃些什麼。

唐朝人不像現在一天要吃三頓飯，為了身材還搞出一套「早餐要吃好，午餐要吃飽，晚餐要吃少」的規矩。唐朝人沒有這麼麻煩，他們通常只吃兩頓飯：太陽出來以後，大約早上九點鐘用「朝食」，這是一天中的第一頓飯；太陽走到西南角時用「晡食」，為一天當中的第二頓飯，之後就可以上床睡覺啦！其實很多年以前，我和奶奶生活在西安鄉下時，當地人一直保持一天兩頓飯的用餐習慣，大約是從古時候延續下來，聽說到現在還沒有改變。

現在的西安人主食多以麵食為主，其實唐朝人也吃麵，不過這些麵食在當時叫「湯餅」。說到這裡，突然想起一段有關湯餅的愛情故事，說的是李隆基和他的原配王皇后。

當時李隆基只是臨淄王，王皇后也只是養在娘家的王姑娘。有一天，李隆基去這位將來要做他老婆的王姑娘家串門子，兩人聊著聊著就聊到了當天竟然是李隆基的生日。姑娘心裡一動，很想為心上人做頓生日宴，可惜她命不好，爹爹是老賭徒，把家裡的錢賭光了。沒有辦法，姑娘就脫下身上的一件衣裳，拿去當掉換錢替李隆基做一頓湯餅慶生。

唐朝人過生日都愛吃湯餅，現代人過生日愛吃長壽麵的習俗，估計就是從這時一直延續下來的。

除了湯餅，唐朝還有一種特別受老百姓喜歡的「餅」，叫「蒸餅」。

蒸餅在大唐很普遍，和今天的饅頭差不多，是一種發酵麵點，但有時帶餡，又很像今天的包子。不過無論如何，我估計蒸餅的味道應該在饅頭和包子之上，不然，不至於有人會因為受不了蒸餅的誘惑而斷送自己的仕途。

這話說的是武則天時期，一個叫張衡的人。

張衡一路辛苦，眼看好不容易要從一個公務員爬到部級幹部。一天早上，他在家裡穿好朝服，騎著高頭大馬出門上朝。路上經過一家蒸餅鋪子，要嘛是張衡不知道餓了多少天，要嘛是蒸餅的味道實在太香了，惹得他死活挪不動步子，買了蒸餅，騎在馬上邊走邊吃。

唐朝有一種官職叫御史，相當厲害，有點像現在的監察委員紀律委員會，大小官員都歸他管，發現有點小毛病，立即向皇上報告，那個誰誰誰，幾時幾刻做了什麼，違反了哪條哪項，被舉報的人就要倒楣了。

張衡就屬於倒楣的主角，穿著官服騎在馬上，咬著蒸餅，太有失京官的威嚴了。御史立即報告武則天，武則天一聽，這麼不注意個人形象，就批了「流外出身，不許入三品」的下場。瞧，這蒸餅是有多香，要用仕途來交換。

說到這裡，忽然想到一個話題。新版《水滸傳》裡賣炊餅的武大郎，整天挑個擔子滿大街地喊著「炊餅，炊餅」，可是掀開擔子卻是熱騰騰的饅頭。有人說武大郎為何連饅頭和燒餅都分不清楚呢？其實，到了宋朝，「蒸餅」這名字就已經被叫成「炊餅」啦！但其實還是和饅頭差不多的東西。至於說我們以為在爐子烤出來的「餅」，唐朝時期也有，只不過名字叫「胡餅」。

胡餅是胡人帶到長安，卻深受長安人民喜愛。要想知道胡餅長什麼樣子，想想新疆的饢，你就知道得差不多啦！把麵團製成一個圓餅，外面撒上芝麻，放在爐子裡烤到外酥內嫩就可以吃了。

胡餅分許多等級，上面說的算是基本款。據說當時有個外地人來到長安，吃到胡餅後，忍不住大呼：「這哪是燒餅，簡直就是五福餅嘛！」這位老兄有口福，他吃到的是加了羊肉、蔥白、豉汁和食鹽的「高級胡餅」，有別於一般的胡餅，這叫「肉胡餅」，是有錢人常吃的東西，算是胡餅中的升級款。《唐語林》記載過最奢侈的肉胡餅，是用一斤羊肉一層一層地塞進胡餅，抹上油和芝麻，放到爐子烤，烤熟後的胡餅就是有層次的餡餅，所以又叫做「古樓子」，我們叫它豪華款吧！

同樣來自外域的還有一種叫「饆饠」的食物，這兩個字看起來是不是很複雜？現在也簡單稱為「畢羅」。這是從波斯經絲綢之路傳到中原的一種「洋餐」，但畢羅究竟是什麼樣子、怎麼個吃法，現在已經不知道了。有一點可以肯定的是，這種飯剛從胡人那裡傳進來時，的確不太受長安人民喜愛，可能是口味太重，或者配料實在是獨特得有點讓長安人受不了。傳說有個公子在街上遇到鬼，他請鬼吃畢羅，連鬼都捂著鼻子不肯吃。雖然是個傳說，卻可以知道畢羅的味道實在不怎麼樣，連鬼都不吃。

後來長安有位姓韓的人家，想改一改畢羅原先的那股胡味，就改用櫻桃做原料，據說櫻桃畢羅做好後，櫻桃的顏色還是水靈靈的相當鮮豔，味道也受歡迎，這也算是移風易俗吧！總歸是讓長安人民接受了畢羅飯。

最後說的是雕胡飯。

說起雕胡飯，估計當年李白特別愛吃，瞧，他自己都說：「跪進雕胡飯，月光明素盤。令人慚漂母，三謝不能餐。」可是現在我們也就只能想一想了，因為雕胡飯到明代後就慢慢消失了，現在有錢也買不到。

為什麼呢？

雕胡飯是用菰米製成，菰是一種草本植物，長在水裡，結的籽就是菰米。照理說我們應該能嘗到這種米，可是偏偏到宋朝時，突然生出了一種叫「菰黑穗菌」的寄生菌，一旦染上這種菌，菰就不結籽，也不抽穗，但莖部卻開始增肥、增大，形成肉質莖，味道還特別好吃。於是人們將錯就錯，放棄菰米，有意利用菰黑穗菌增大菰的肉莖，把它變成一種蔬菜食用。猜猜它是什麼？就是我最愛吃的茭白筍。

其實唐朝人的飯桌上還有很多主食，現在吃的餃子、餛飩、煎餅，他們那時也都在吃。只是我實在不能一個一個介紹出來，因為對一個吃貨來說，聊吃實在是一件很痛苦的事。愈聊愈餓，我得再去吃點東西啦！我們一會兒見。

剎不住的吃喝風

好了，我們再聊聊唐朝人的餐桌。

說起唐朝人的餐桌，我想先說幾句題外話。現在只要到了吃飯時間，一家人是不是圍著桌子又吃又喝又聊家常呢？不過你有沒有想過，這種情形不是從一開始就有的。電視劇《漢武大帝》裡，那些人吃飯的樣子，大家都席地而坐，每個人面前一張小方几，有專門的人分食給大家，這種進食習慣，看起來好像比現在圍坐在桌子前的用餐習慣更衛生。

沒錯，分食制不是西方人發明的，中國一開始就一直實行小食案的分食制。什麼時候發展成一群人圍在大桌子熱熱鬧鬧地吃大餐呢？是從唐朝開始的。

這話說起來，我們又得提起那些從四面八方來到大唐的「外國人」，中國人民有著非常強烈的包容性與極強的學習能力，就像今天跟著西方人過聖誕節一樣，對外來文化的接受能力，我們從唐朝時期就顯得十分卓越。

就拿吃飯來說吧！古人一開始其實都是盤腿坐著吃飯，但是後來，突然傳進來一種叫「床」

的東西，這東西好，可以坐著，腿不再那麼痠麻了，這下就把中國人的飲食方式改變了。

這個「床」和現在的「床」可不一樣，現在我們說的「床」都是睡覺用的，而唐朝的「床」，大部分是用來當坐具。其中一種叫「胡床」，是游牧民族常隨身攜帶的坐具；還有一種叫「繩床」，有點像現在坐的椅子。

繩床是西方人的坐具，高腳，有靠背，人可以坐上去，把兩條腿徹底解放出來。這種新式坐具隨著印度的佛教傳到中國，唐朝時開始流行，應運而生的是桌子，不過那時還叫做「板足案」。

無論是繩床還是板足案，總之它們的出現，開始讓大唐人民舒展胳膊和腿，興高采烈地圍坐在一起大吃大喝。他們吃的名目可謂豐富多彩，娶老婆、生孩子要吃，發財、中舉要吃，買屋、置地要吃，就連散步、踏青，他們也要吃，總之沒有什麼事情是不可以做為唐朝人開席設宴、大吃特吃的理由。

瞧，柳絲剛發了嫩綠的芽，曲江池畔的早鶯才開始唱著春曲時，大唐最美的季節就來到了。美景裡不僅有花，還有比花更美的大唐女人。老杜說：「三月三日空氣新，長安水邊多麗人。」這些麗人可都是攢足了一年的精神，紛紛攤了血本跑出來，一個個比著誰的裙子款式更新穎，誰的簪花更漂亮，她們稱為「鬥花」。鬥累了就找一塊空地，四周插上竹竿，然後褪下裙子

——你當她們要做什麼？別想歪了，大唐的女人們很會玩呢！她們把裙子搭在竹竿上，撐起一個臨時帳篷，就在裡面擺起酒宴了。所以這個酒宴有了一個非常女性化的名字——裙幄宴。

裙幄宴是一個純粹女人的宴席，不過在唐朝，像這樣的宴席不多，多數宴席還是以男人為主，女人只是宴席上的點綴。尤其是當有幾個文人墨客添了點風雅時，如果再有幾個長得好看的小姑娘在旁邊，這場酒宴就辦得更加雅趣了。劉禹錫有一首詩：「洛下今修禊，群賢勝會稽。盛筵陪玉鉉，通籍盡金閨。波上神仙妓，岸傍桃李蹊。水嬉如鷺振，歌響雜鶯啼……」這是一場很有意思的宴會，地點不在酒店，而是在船上。這在當時叫船宴，是獨領風騷的文人們最喜歡的一種宴會形式，有佳餚，有美女，有詩詞，有水，有船，有情調。這種宴會，一般肚子裡沒喝過多少年墨水的人，可是不敢輕易參加的。

說起文人的宴會，突然想到曲江池。當年在這裡的唐朝文人，宴會辦得可是別開生面呀！參加宴會的多是科考的書生，好像現在剛參加完指考的高中畢業生，正是幾家歡喜幾家愁的時刻。日前我在曲江見到一座狀元樓，每年考試一結束，總是有不少畢業生，要嘛在這裡辦謝師宴，要嘛搞同學會，生意好得不得了。不過據我所知，無論謝師宴還是同學會，多數都是這些學生或家長掏腰包。但是，你知道嗎？如果放在唐朝，這科舉考生們的宴席，可都是由皇上出錢。

唐朝皇帝出錢替科舉的書生辦宴席，一開始其實多少有些慰藉的意思，因為來參加宴會的都是落榜書生。皇帝的意思大概是，看你們一路辛苦跑來，卻沒爭取到功名，來，替你們辦一桌，吃完、喝完以後，回家繼續努力。後來，這個宴席的味道突然拐了一百八十度的彎，變成替中榜進士慶賀的喜宴了。每年三月，曲江池畔熱鬧非凡，新科進士盛裝出席，一面接受人們的祝賀，一面躊躇滿志地憧憬未來。他們在曲江池邊的杏園飲酒作詩，暢談理想，感覺人生自此已是巔峰。興致來了，還豪情壯志地跑到大雁塔底下題個詩、留個字，紀念人生最快意的時刻。

曲江宴是皇帝出錢舉辦，這種宴席的機會畢竟一年不會有幾次，更多的宴會還是大唐人民主辦，慶生、婚喪、升官、發財，總有一個名目可以令大唐人民歡天喜地吃一頓，而這些宴席裡，最有名的就是「燒尾宴」。

這個名字聽起來是不是有點怪？難道來吃這種宴席的人都要用火燒尾巴骨？不，千萬不要望文生義，會嚇到很多對這種宴席垂涎三尺的人——比方說我，就特別嚮往能吃一頓燒尾宴。

相傳鯉魚躍龍門後，天上的天火會把鯉魚的尾巴燒掉，然後鯉魚就變成龍了。瞧，這下知道了，燒尾宴就是取自這個故事的寓意，是那些登科的士子們「魚躍龍門」後舉辦的一種喜慶宴會，拜謝老師，相邀好友共同慶賀。

韋巨源是唐中宗李顯時期的官員，因為表現良好而被提拔為尚書，為了答謝龍恩，新任的韋尚書下血本在家裡大擺酒宴招待皇帝，這也叫做燒尾宴，因為升官了嘛！這場宴席當時到底有幾道菜，現在已經無法考證，但被記錄下來的就有五十八種，冷的，熱的，乾的，湯的，燒的，烤的，炸的，煮的，各位要是不怕嘴饞，我就學相聲《報菜名》的樣子，替各位來個貫口：

單籠金乳酥、曼陀樣夾餅、巨勝奴、貴妃紅、婆羅門輕高麵、御黃王母飯、七返糕、金鈴炙、光明蝦炙、通花軟牛腸、生進二十四氣餛飩、生進鴨花湯餅、同心生結脯、冷蟾兒羹、金銀夾花平截、火焰盞口、水晶龍鳳糕、雙拌方破餅……

哎喲！我的天哪！說得我都快要上氣不接下氣了，可是好像連一半都沒有說到呢！

燒尾宴的菜品之多，款式之驚人都是史上少有。據說有一道菜叫「雪嬰兒」，是用小青蛙裹了麵，經油鍋微微一炸，撈出來就像一個雪白粉嫩的嬰兒；還有「鳳凰胎」，是取母雞肚子裡還沒有生出來的蛋，與魚白一起拌著生吃；遍地錦裝鱉，用羊脂和鴨蛋黃做成錦緞般華麗的澆頭，澆在甲魚（食用鱉）的身上製成。除了這些能吃的，還有能看的，例如有一道「素蒸音聲部」，是用麵做成七十二個吹拉彈唱的小人，要嘛彩袖殷勤捧玉鐘，要嘛低眉信手續續彈，一個個活靈活現，簡直就是一場別開生面的宮廷樂舞表演。

不過要是現在問我，燒尾宴在哪裡還能吃到，那可真難為我了，這樣的腐敗風莫說是現在，就是在唐朝，也不敢這麼吃下去，短短二十年，李隆基當皇帝時，就被強行禁止了。

這裡不只有酒，還有故事

前面提到唐朝的宴席，接下來一定得提到酒，中國人不是總說「無酒不成席」嘛！

唐朝人的酒宴和現在不一樣，如果你以為唐朝人在席上喝酒，也是拎著兩瓶高粱，再拿分酒器分了，來個「感情深，一口悶」，或者「你乾杯，我隨意」，那可就想得太簡單了。

唐朝人喝酒特別講究，氛圍、情調、禮節、規矩，樣樣都息息相關呢！包括喝酒的酒具，都不是隨隨便便拿個杯子來用，不信就跟我一起去瞧瞧吧！

有酒，還得有個好杯子

從哪裡說起呢？

當然得從李白說起，他可是大名鼎鼎的「酒仙」呢！他有一首詩：「襄陽小兒齊拍手，攔街爭唱白銅鞮。旁人借問笑何事，笑殺山翁醉似泥。鸕鶿杓，鸚鵡杯。百年三萬六千日，一日須傾三百杯。」不管這首詩所說的「一日須傾三百杯」到底能讓人喝成什麼樣子，先來說說裡面的「鸕鶿杓」和「鸚鵡杯」究竟是什麼。

「杯」不用說，一定是喝酒的杯子；那麼「杓」呢？這得先從唐朝人喝酒的習慣說起。

唐朝人喝酒不像現在，拿起酒瓶把酒朝杯子裡一倒，仰起脖子就喝下去。唐朝人喝酒麻煩，得先把酒倒進大酒樽。等等，什麼是「樽」呢？讀過中國古典詩詞的人都見過這個字，「樽前擬把歸期說，欲語春容先慘咽」、「多情卻似總無情，唯覺樽前笑不成」、「人生得意須盡歡，莫使金樽空對月」……關於帶「樽」的詩句真是數不勝數。好多人以為樽就是現在飲酒的杯子，那可就大錯特錯。雖然它們同屬酒具，但樽卻比酒杯大得多，而且中間可以點火溫酒。從商周時期，人們就有這種飲酒習慣，一直延續到唐朝，先把酒在樽裡溫熱，然後用「杓」挹酒喝，所以「杓」基本上就相當於現在的勺子。

不過到了唐朝中葉後，這種飲酒方式有了改變，因為這時酒壺出現了，只不過那時還不叫酒壺，而是叫做「注子」，有蓋，有嘴，還有手柄。其實和現在的酒壺還是有所區別，現在看到的酒壺光禿禿的，很少有帶柄。這個柄是什麼時候被拿掉的呢？說到這個，其實還有一段小故事。

話說唐文宗時期，宮裡的太監太猖狂了，根本不把文宗放在眼裡，不管大事小情，都想替文宗拿主意。文宗是名有志青年，想成就一番事業，獨立自主地做個皇帝，和一個叫鄭注的大臣謀劃著把宦官們全部殺掉。結果消息走漏，反被宦官們占了上風，就是歷史上非常著名的「甘露事變」。事變之後，宦官們當然不能把文宗怎麼樣，但鄭注這樣的大臣自然就成了「烈士」。宦官們殺掉鄭注，依然覺得無法消氣，便找了支「注子」（和鄭注同名），去掉手柄掛在梁上，大概是把鄭注上吊的意思。

有意思的是，後來這支去掉手柄的「注子」，反倒被人們覺得更好用了，慢慢開始流行起來，而且有了一個新的名字叫「偏提」。使用更方便，配合著酒杯，成為一種新的飲酒習慣。

好了，我們再來說酒杯。

唐朝酒杯相容了實用、觀賞、收藏與饋贈於一體，所以價格往往貴得驚人。

陝西省歷史博物館展出著一件稀世珍寶，雖然只是一只小小的酒杯，卻可以抵得上半個香港。這是一段小故事，據說當年香港還沒回歸時，英國女王到中國訪問，瞧見這只酒杯，喜愛得不得了，當時就說，只要能把這只酒杯送給英國，她願意拿半個香港做交換。

當然香港後來是中國自己要回去的，而這只稀世珍品現在還安然無恙地陳列在陝西歷史博物館，名字叫做「鑲金獸首瑪瑙杯」。

這種極具個性的酒杯，設計靈感來自西元前十五世紀希臘人的獸首角狀杯，也叫做「來通杯」，用來灌注神酒。所以在西方，來通杯被人們當作聖物一樣看待。

大唐是一個萬國來朝的大時代，長安就是全世界文化交流的中心，而大唐人民則胸懷天下，吸納來自四面八方的優秀文化與文明成果。這些外國文明通過絲綢之路來到長安，與長安的本土文化相互結合，這件鑲金獸首瑪瑙杯便是大唐文化與外來文化結合下的產物。

再來看一只美到讓你驚叫的杯子，也是唐人喝酒的器具，如果放到現在，估計你只有將它高高供起來瞻仰的分，用來喝酒，實在太捨不得了。

它就是「水晶八曲長杯」，如假包換的水晶杯。水晶有多珍貴，這裡就不多說了，重點是杯子的式樣，叫做「曲長杯」，最早出現和流行在薩珊王朝（又稱波斯第二帝國，始自西元二二四年，六五一年滅亡）。這種杯子的特點是長橢圓形的多曲瓣狀，不同於中國特有的圓形杯體。尤其這只曲長杯的製作工藝更是令人嘆為觀止，杯壁薄如蟬翼，厚度只有半公釐。

最後再來看一只極盡奢靡的酒杯，名字叫做「掐絲團花紋金杯」。

黃金的出現最早可以追溯到西元前五千年的古埃及時代，而中國最遲在商代也已有了黃金製品。但即使在今天，黃金也是極其稀有的貴金屬，市面上一克黃金的價格大約一、兩千元。而在一千多年前的大唐，黃金更為稀少。即便如此，也抵擋不住上流社會對黃金器皿的追求與喜愛。那是一個太平盛世，社會的繁榮富裕為他們提供了擁有大量黃金的可能，所以唐代的金銀器製作非常發達，工藝也相當考究，花樣更是豐富多彩。它們被大量用於飾品與生活用品之中，其中也包括酒具。

就像現在看到的這只掐絲團花紋金杯，百分之百純金打造，金光奪目，十分耀眼，而最令人驚嘆的是杯體上的掐絲團花飾紋，精緻細微，真是巧奪天工。

掐絲是一種金屬製作工藝，製作過程先將金子打成極薄的金片，然後再將金片切成細絲，盤成花的形狀，最後用黏合劑黏貼在杯壁上，既有東方色彩，又兼具西方特徵。所以，這只金杯也是東西文化結合之下的一件工藝品，看起來奢靡華貴，又帶有典型的

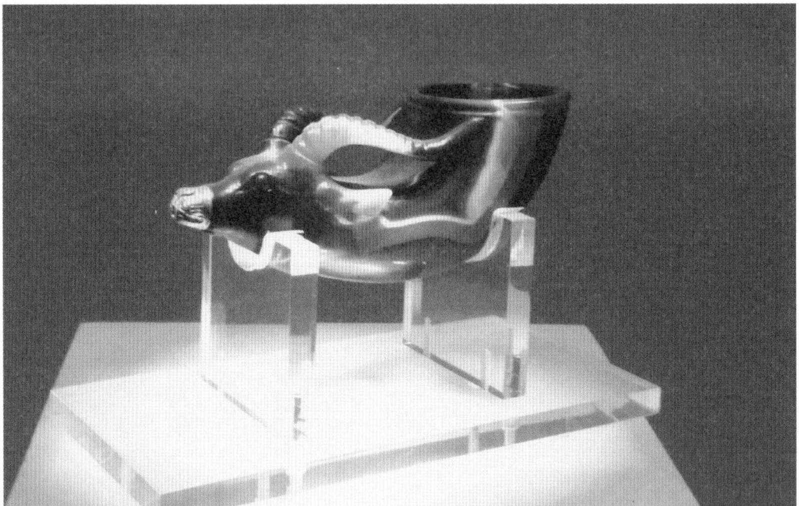

鑲金獸首瑪瑙杯，西安市何家村出土，陝西歷史博物館展出

水晶八曲長杯

掐絲團花紋金杯，西安市何家村出土，陝西歷史博物館展出

異域情調。

不過像這種酒杯，肯定都是有錢人家裡的藏品，普通人家是想都不敢想的。但是，有錢人有有錢人的酒杯，窮人也有窮人用的酒杯，無論有錢沒錢，在唐朝，喝酒的器具都顯得那麼與眾不同，標新立異。

瞧，我接下來要說的這位，就是和我一樣靠寫字過生活的人，一年賺的稿費要維持生活已經很吃緊了，哪裡還有閒錢置辦那麼精緻又昂貴的酒具？此人姓牟，雖然清貧，卻依然好酒（無酒難成詩，這是大唐文化人的習慣）。他要請朋友喝酒，但買不起好酒杯，怎麼辦呢？牟先生有辦法，他帶著朋友，划著小船，到湖中心折一葉綠荷就當了酒杯，這種喝酒的創意，竟然成為大唐飲酒界的一件雅事。

唐朝國酒PK洋酒

白居易非常有名的〈問劉十九〉說：「綠蟻新醅酒，紅泥小火爐。晚來天欲雪，能飲一杯無。」這是哥倆喝酒絕好的境界，天氣有些寒冷，又不能逛街，做什麼好呢？爐火燒得正旺，挺暖和的，不如就在爐火旁喝兩杯？

他們喝什麼呢？喝的是「綠蟻酒」，這個名字讓人類疑惑了將近一千年。大夥都在琢磨，大唐人真厲害，把螞蟻泡在酒裡喝，而且還是綠色的螞蟻，只怕這種螞蟻還不好找吧？

其實不是這樣，綠蟻酒不過是一種米酒，但卻是綠色的，然而綠蟻酒的製作方法如今已經失傳，所以究竟是什麼味道，我們現在無法得知。但從白居易的另一句詩「香開綠蟻酒，暖擁褐綾被」看起來，綠蟻酒應該香氣十足。

白居易不光愛喝綠蟻酒，他還說：「世間好物黃醅酒，天下閒人白侍郎。」可見在他心裡，世上最好喝的酒其實要屬黃醅酒。有多好喝呢？估計現在有一半的人都嘗過，其實就是我們最熟悉的黃米酒。論起味道來，浙江紹興只怕還是排第一，其中最有名的當屬花雕。

你問我唐朝人喝不喝白酒？是不是得先把什麼是白酒搞清楚。

中國人說的白酒還有個名字叫燒酒，我不知道你有沒有喝過，反正我喝過。這種酒一入喉就有種濃烈的刺激感，火燒火燎的，燒酒這個名字估計就是這麼來的。到底唐朝人喝不喝燒酒呢？李時珍《本草綱目》有句話：「燒酒非古法也。自元時始創其法……」瞧，意思是中國人到元朝才學會燒酒的製作工藝。

懂點酒的人都知道，燒酒其實是蒸餾酒，和前面說的黃酒不一樣，黃酒是透過糧食發酵釀成，燒酒卻是經過蒸餾技術釀成。雖然中國一直都以古老的文明引以為傲，但我們必須承認，關於蒸餾技術，的確是在元朝以後才開始掌握，因此，唐朝沒有燒酒。至於現在有些酒商，動不動就宣傳他們廠裡的白酒至少有一、兩千年歷史，實在是有點吹破牛皮了。

雖然大唐人民從未嘗過白酒的滋味，但葡萄酒的確是從唐朝開始就有了。說起來，最早在漢魏時期，其實就已經有葡萄酒了，但當時的葡萄酒都是道道地地的「原裝正品外國貨」，因為那個時候的中國還不會種葡萄，更不懂得葡萄酒的釀造技術。所以說，葡萄酒在當時應該算得上是正宗的「洋酒」系列。

直到唐太宗時期才開始有國內加工生產的葡萄酒，這件事記在《冊府元龜》，太宗當時攻打西域一個叫高昌的小國，戰利品裡有一種叫「葡萄」的植物，他把葡萄種在長安附近，長出果實後，又找高昌人教長安人葡萄酒的釀酒技術，於是長安人才喝起了葡萄酒。

不過那個時候的葡萄畢竟是外來物，沒有大面積種植，所以葡萄酒非常珍貴。因此，就有其他的水果酒來代替葡萄酒，比如用鬱金香調味的酒。

鬱金香也是外來品，從波斯和印度傳進中國。據說鬱金香的香粉既是一種治療內毒的藥物，也可當作香料使用。唐朝時，人們就用鬱金香的香粉調酒。李白有一首詩說：「蘭陵美酒鬱金香，玉碗盛來琥珀光。」這裡同時提到唐代的兩種洋酒，一種是鬱金香酒，一種是琥珀酒。琥珀酒來自波斯，同時還有一種瑪瑙酒。老杜詩中「春酒杯濃琥珀薄，冰漿碗碧瑪瑙寒」

的「琥珀」和「瑪瑙」，說的其實都是酒。這兩類「洋酒」在當時的文人界，應該非常流行，因為不光李、杜，還有很多詩人在詩中都提過這些酒：「琉璃鐘，琥珀濃，小槽酒滴珍珠紅。」先不說味道如何，經詩人這麼一描寫，就已經酒不醉人人自醉了。

除此以外，大唐的洋酒系列，還有一種稱為「龍膏酒」，是西亞一個藩屬國進獻給唐憲宗的貢品。據說這種酒「酒色幽黑如純漆」，藩屬國貢使說，這是用當地特產的一種鱷魚，經特殊工藝泡製而成，不僅可以補氣血，壯筋骨，驅溼邪，滋心養肺，還可以「延年益壽」。唐憲宗一聽好奇心大起，開罈即飲，味道果然與眾不同，從此就放不下了。也不知道是不是心理作用，反正自從他喝了龍膏酒後，真的就覺得神清氣爽、飄飄欲仙了。

生意興隆的「酒吧業」

有酒，就得有個喝酒的好地方。唐朝人的性格熱情奔放，大多不會一個人悶在家裡自酌自飲。李白不是說了嗎？就算剩一個人，那也得「舉杯邀明月，對影成三人」。喝酒，總得人多才熱鬧，所以才會有酒吧這種場所的存在。

唐朝的酒吧叫做「酒肆」，通常門口都會「旗幟鮮明」，遠遠就能看到。「試問酒旗歌板地，今朝誰是拗花人。」酒旗就是大唐酒肆最鮮明的標識，叫「旗望」，放在酒肆的大門口，多用青白布製成，風一吹，「啪啦啪啦」地招展著，非常是迎人（長安方言，招人喜歡的意思）。

說起迎人，其實比酒旗更吸引客人的是酒肆的陪酒女郎。

陪酒女郎是個職業，無論現代還是唐代，她們一直存在著。只不過想在唐朝做一名合格的陪酒女郎，好像比現在更不容易。因為除了喝酒，琴棋書畫樣樣都要會一點，不然怎麼應付得了酒桌上的那些文化人呢？

對她們的培訓從小就要開始，必須學吹拉彈唱，還要懂詩詞歌賦。哄酒宴上男人們高興時，要能歌善舞說笑話；陪他們解悶聊天，要吟詩作對，像個女秀才。所以唐朝的陪酒女郎，多半都才藝雙絕，外帶一個好相貌。

這些女孩子在當時被稱為「酒伎」，一桌酒宴上往往都坐好幾個。酒宴上重要的客人，至少需要兩個酒伎作陪，一邊勸酒，一邊逗樂，人稱「兩頭娘子」。她們沒有社會地位，無論多麼會唱、會跳、會寫詩，都只是社交場合的陪襯品。所以在唐朝，良家婦女不會輕易參加酒宴，萬一不小心被當作兩頭娘子，臉可就丟大了。

論說起來，兩頭娘子的服務應該已經算是非常周到了，不過，大唐的男人天生都有著獵奇的心。兩頭娘子再好，總是司空見慣，於是「胡姬」的生意自然就好了起來。

胡姬，就是大唐時代的洋妞。

唐朝時期，隨著經濟文化的對外開放，長安聚集了很多胡人，他們將文化與風俗一同帶進長安，竟一度在長安颳起胡風熱，而胡人女子——胡姬，自然很受大唐男人的喜歡。

胡姬長得與中原女子不一樣，高鼻梁、深眼窩，性格熱情奔放，尤其個個能彈會跳，動作大膽撩人，眼神嫵媚難擋，導致五陵少年（富貴豪門子弟、貴族後裔）成天圍著她們轉，連李白的詩裡都說：「五陵年少金市東，銀鞍白馬度春風。落花踏盡遊何處，笑入胡姬酒肆中。」

胡姬一入長安，大部分都加入當地的酒吧業。她們的酒肆與長安的傳統酒肆不一樣，賣的多半是「洋酒」；她們的服務也不太一樣，胡姬的服務顯得更加火辣，也更會撩撥人。尤其是她們跳的舞蹈，一時間竟引領了當時大唐的文藝時尚，就連楊玉環也在宮裡學著跳，就是非常有名的「胡旋舞」。

胡旋舞最早傳到長安時還在北周時期，為了能夠達到兄弟民族之間的和睦相處，北周皇帝決定和突厥國的可汗結為親家。可汗一聽可高興了，大大方方地把女兒送到長安，陪嫁的隊伍不僅有黃金、珠寶，還有一支三百多人的突厥樂隊，裡面就有一批會跳胡旋舞的突厥女子。如果史料記載沒有錯，這種轉起圈來好像一陣風的舞蹈，就是她們帶進長安的，那一年是西元五六八年。

後來到了唐朝，隨著到長安的胡人愈來愈多，會跳胡旋舞的胡姬女早就不只是宮廷樂隊裡的宮女了。她們在酒肆裡一邊跳舞，一邊賣她們的「洋酒」，很快就興旺了長安的酒吧業。

當時長安最火熱的胡姬酒肆在曲江，那裡是長安的繁華之地，有錢的、當官的幾乎都在那。一些懷抱治國夢想的文人們也常聚集此地，很快就在胡姬的酒肆找到創作靈感，並且為她們寫下大量詩詞，「為底胡姬酒，長來白鼻騧」、「胡姬貌如花，當壚笑春風」，還有「細雨春風花落時，揮鞭直就胡姬飲」……毫不誇張地說，胡姬與她們的酒肆對於推動大唐的詩歌文化，發揮了不可估量的作用。就這一點來說，相較今天逛酒吧的人，還有幾個能在搖滾音樂裡創作出幾首傳世的經典呢？

當然，或者也可以說，現在的酒吧，再也找不到可以讓人詩性大發的胡姬女了，這也是個理由。

唐人酒桌上的那些事

無論酒伎還是胡姬，其實都是男人酒宴上的點綴，說到底，都是為了替男人找樂子。唐朝酒桌上的樂子離不開這些年輕女孩子，她們通常是酒桌上不可缺少的一道豔菜，有色，有香，有時候還有些「權力」。

這個權力是由酒桌上的遊戲賦予她們的。

唐朝人喝酒不會是兩個杯子碰一塊，說聲「先乾為敬」就完事的，既然酒席宴上總是尋找樂子，就免不了玩些小遊戲；既然是遊戲，就要有規則；既然有規則，就得選一個執行規則的人出來，這人在當時叫「席糾」，或者叫「觥糾」，又或者叫「酒糾」。他們是酒桌上最大的官，凡是坐上了酒桌，管你是多大的人物，不論長幼，都得聽這個酒官的話。而這個酒官通常都由酒伎擔任，有點像遊戲裁判的意思。

有人要問了，唐朝人的酒桌上一般都玩些什麼遊戲呢？是不是也是玩骰子、比大小或划酒拳之類的呢？千萬不要想這些，如果到了大唐人民的酒桌上，你對他們講這些，估計他們可能會把你轟出去，因為唐朝人民酒桌上玩的遊戲，遠比這些有品味、高級得多啦！

先來看一種比較斯文的遊戲，名字叫「律令」，有點近似於文字遊戲，比較適合一些女人和文人。舉個例子，唐朝有本傳奇小說《遊仙窟》，說的是姓張的書生和兩位美女發生豔遇的故事。故事裡有一場酒宴，其中玩的遊戲就有律令。酒官是其中一個美女，她設了一個令，要取古詩中的句子，另一個美女起頭說：「關關雎鳩，在河之洲；窈窕淑女，君子好逑。」她引用的是《詩經》四句詩，講男女愛情。張書生立即就對：「南有喬木，不可休思；漢有遊女，不可求思。」也是《詩經》裡講愛情的詩句。瞧，我這麼一說，是不是覺得唐朝人的酒桌遊戲，玩得非常有文化？要是沒多讀幾年書，哪敢踏進這種場合？

別著急，這還算簡單，再說一個。這是一場在船上舉行的酒宴，當時酒官出了一個令說：既要結合酒宴上的場面，結尾還必須是個樂器。起頭的人說：「遠望漁舟不闊，尺八。」接令的立即回道：「憑欄一吐，已覺空喉（箜篌）。」「尺八」和「箜篌」都是樂器，「遠望漁舟」與「憑欄一吐」都呼應當時的景。兩個一對一答，其中的巧妙可不是喝幾頓酒就能練出來的。

聽我這麼一說，是不是嚇得你縱然真的回到大唐，也不敢再上他們的酒桌了？不用怕，其實唐朝的酒桌上，律令也有簡單的，比如拆字令，如果有一姓李的站在你身邊，你出「李字為十八子」，對面的人接「張字為弓長」，這個令就算接下來了。如果我們肚子裡真沒喝那麼多墨水，這個總還是可以玩玩的。

假如連拆字令都玩不了，那麼這種斯文人玩的酒令，看起來就真的不太適合你了。沒有關係，唐朝人的酒桌上，還有一種遊戲叫「骰盤令」。簡單說就是用「擲骰子」的方式決定誰喝酒、喝多少，近似於今天的擲骰子。但即便是這麼簡單、隨意的遊戲，有時候也能被大唐人玩出詩意與浪漫，不信就來看看這兩位大詩人是如何玩的吧！

當年大詩人杜牧和張祜去泡酒肆，詩人嘛！總是有些小風流。杜牧看上了席上的一位美女酒伎，突發奇想，想看一下姑娘的手到底長什麼樣子（唐朝姑娘的衣服袖子都很長，一雙玉手絕不輕易示人），於是提議玩骰盤令。結果，姑娘的一雙玉手一直藏在袖子裡，即使扔骰子也沒有伸出來。這可讓杜牧失望透了，隨即寫詩說：「骰子逡巡裹手拈，無因得見玉纖纖。」

張祜一聽，喲！我這哥們想看姑娘的玉手卻看不著，心裡急得直發癢了吧？隨即腦袋一轉，立即想出個鬼點子說：「但知報導金釵落，彷彿還應露指尖。」意思是說，告訴姑娘說金釵掉了，她總得伸手撿吧！這樣的話，指尖不就露出來了嗎？

瞧瞧，唐朝人教我們的不只是喝酒，還教我們怎麼撩妹——多讀書，有文化，最好還能順嘴來句極具挑逗性的詩。怎麼樣，你行嗎？

都不行？那可有點為難了。看起來，只能玩玩拋打令。拋打令簡單，估計每個人小時候都玩過。桌上擺個彩球，行令時，一邊伴奏，一邊傳球，傳到誰的跟前，誰就得接受懲罰——這不就是擊鼓傳花嗎？

沒錯，拋打令差不多就是我們小時候玩過的擊鼓傳花，一般懲罰的內容無非是喝酒或表演歌舞，實在不行，來個繞口令也可以。看來到了大唐，要是真的沒有兩下子，就只能玩玩拋打令了。

等等，你就這樣端起酒杯喝酒了嗎？慢著慢著，在大唐人民的酒桌上，要是就這樣端起酒杯一飲而盡的話，你以為豪爽，大唐人民就要說你不懂規矩了。

坐在大唐人民的酒桌上，千萬不要以為只要做好遊戲就可以了，有些規矩還是要知道。比如酹酒灑地，這個大家多多少少在電視上見過：端起一杯酒，不急著喝下去，而是灑在地上，有時候是為了祭奠亡魂，有時候是為了賭咒發誓。雖然現在不流行了，不過在唐朝時期，還是挺盛行。另外還有一種規矩，就是把指甲在酒杯裡蘸一下。這個聽起來感覺很不衛生，但在當時卻是一種勸酒禮儀，用蘸甲表示對客人的尊敬。假如真的在唐朝，有人勸酒時對你行了這種禮儀，千萬不要嫌棄人家不講衛生呀！

我們喝的不是茶，是文化

說完唐朝人酒桌上的那些事，突然想起從前聽到的一句話，說的是現代人酒桌上最怕三類人，一是戴著眼鏡，一是口袋藏著藥丸，還有一類是頭上梳著小辮子。這三類人有個共同特點，就是上了酒桌不喝酒，別人還不敢使勁勸酒。戴眼鏡的大多是文弱書生，一杯酒就能撂翻；吃藥丸的有醫囑，酒可千萬碰不得；梳小辮子的就更不得了，嬌聲嬌氣地說一句：「我從不喝酒。」她的那一杯還得你來幫忙乾了。

當然，除了這三類人，現在還得再加上一類，就是手裡握著方向盤的，縱然他想要喝，交通警察也不答應呀！於是，「以茶代酒」就成了常有的事。

「以茶代酒」不是現在才時興的，遠在魏晉南北朝的酒桌，雖說既沒有戴眼鏡的，沒有吃藥丸的，沒有梳小辮子的，更沒有手裡握著方向盤的，但偶爾會遇到因為各種原因害怕喝酒誤事的，於是以茶代酒就出現了。不過那時的茶沒有十分普及，名字也不叫「茶」，而是叫

「荼」、「茗」，或者「苦菜」，而且當時的茶只是南方人的喜好，北方人不僅不喝，還時不時地嘲笑南方人，把苦菜葉子喝得那麼有味道。

茶，可以這樣喝

茶的真正普及是從唐代中期以後開始，準確地說是在唐玄宗的開元盛世以後。

一開始，北方老百姓不喜歡喝茶，前面說了，茶最早只屬於南方人。據說後來有個南方老太太為了把她的茶葉賣到北方，跑到長安經營一間茶葉鋪子。可是長安人根本不願意接受這種略帶苦味的「菜葉子」，於是她就想了個辦法，每天都在門口煮茶葉，讓茶葉的香味彌漫得滿街道都是，長安人聞到了都問：「這是什麼呀？這麼香。」老太太揭開謎團，神祕地告訴大家：「這就是『茶』。」從此，長安人逐漸愛上喝茶。

當然這只是傳說，真假很難考證。《封氏聞見記》記錄了一段有關茶的故事，這次不是老太太，而是唐朝的一個老和尚。這位和尚天天教人打坐、參禪，不能吃也不能睡，於是拿了茶葉給信徒一起喝。因為茶葉有提神的功效，所以很快就被大眾接受了。

無論這兩個故事是真是假，中國人從唐朝以後才開始全民喝茶，卻是一個不爭的事實。

《舊唐書》說：「茶為食物，無異米鹽，於人所資，遠近同俗……」」意思是唐代時，茶就已經和米、鹽一樣成為人們日常必須的食物了。

現在，我們一起觀摩一下唐朝人如何喝茶吧！

想像一下眼前有一釜即將煮沸的水（注意，我用「釜」，而不是「鍋」，也不是「壺」。「釜」是古人用的一種炊具，如果用「鍋」或「壺」，就太沒有時代感了），眼看水面上已經漂起像魚眼睛那麼大的水泡時，取適量的食鹽加入水中；很快，水面上又會沸起小珍珠似的水泡。這時要拿一支小瓢（注意，一定是「瓢」，而不是不鏽鋼勺子），盛出一瓢水放在旁邊，待稍後使用；現在，用一支竹筴（竹子做成的一種夾子）一邊慢慢攪拌水，一邊把一撮茶末倒進水裡，再繼續攪，直到攪出「湯花」，然後把剛才晾在瓢裡的那一瓢水加進來，等有更多的湯花浮出來時，茶就正好到達火候了。

這是唐朝人喝茶的功夫，名為「煎茶」。煎好的茶要趕緊離火，不然就煎老了，唐朝人絕對不會飲用「老茶」。所以，掌握好煎茶的火候就成為一門學問，擅長煎茶技術的人在當時被稱為「茶博士」。不過這個茶博士和現在茶館裡的茶博士不一樣，當時的茶博士算是一種很有身分的職業，不是誰想做就能做。你一定聽過「陸羽」這個名字吧？他就是當時非常有名的茶博士，寫過一本《茶經》，裡面談的全是茶，產地、品種，如何製作，如何煎煮，哪裡的水煎茶更好，哪種器具更適合盛茶……總之是一部有關茶的百科全書。尤其是煎茶的訣竅，陸羽在這本書裡講得真是出神入化，花樣百出。他的茶甚至可以加上蔥、薑、大棗、橘皮、茱萸、薄荷等一起煎煮，這哪是今天喝功夫茶的本事能夠比擬的呢？

陸羽之後，到了唐朝末期，又出現了一種點茶的方法。這種方法更玄妙，是把茶葉熬製成膏狀，放在一只小茶碗裡，然後在茶碗裡一點一點地注水（注意，一定是燒開的水）。不過，注水可是非常講究的，快和慢，注在什麼地方，一點都馬虎不得。據說會注水的人能夠隨著水落茶膏，升騰起各種奇異的景象，魚鳥花蟲，飛禽走獸，瞬間出現在湯紋水脈裡，真是

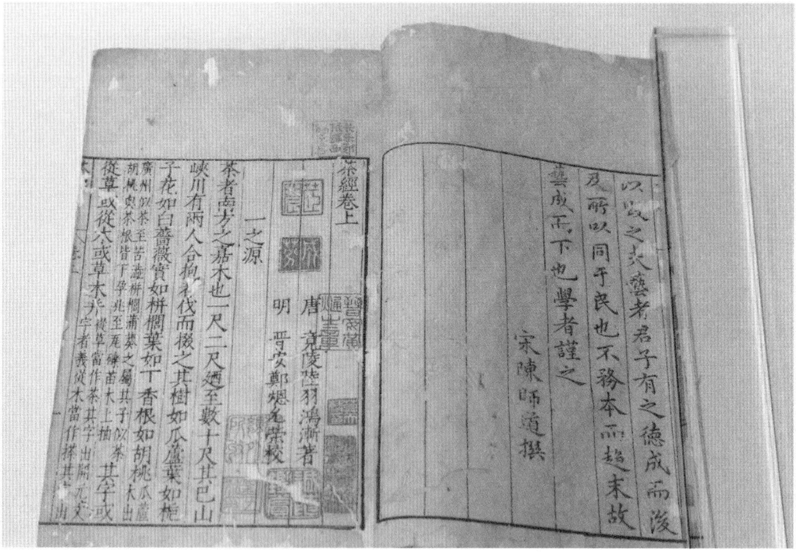

《茶經》

比魔術師的手還要玄幻呢！

好馬配好鞍，好茶也得配好碗

唐朝人的茶能喝出這麼多花樣，和他們對喝茶這件事的挑剔程度脫不了關係。我說他們挑剔，一點也不誇張，要用什麼樣的水，什麼季節的茶葉，包括茶碗，都不是隨隨便便亂用。哪像我一早起來，捏幾片茶葉放在玻璃水杯，從飲水機倒點熱水泡著就喝了。

當然，現代人喝茶也是有講究的，不是每個人都像我一樣隨意。我就見過朋友喝茶，水必須是農夫山泉，茶葉必須是明前龍井（我不知道算不算講究，反正他說自己很講究）。

他鍾愛的西湖龍井，現在大概算得上是名茶、好茶，不過在唐朝，名次可要排到很後面了。《茶經》對當時的茶葉做了排名，湖州的茶最好，常州的排第二，而宣州、杭州等地的茶葉居下，蘇州的茶根本進不去排行榜。所以，不光是龍井，包括碧螺春，同樣沒有躋身名茶的行列。

唐朝人最看得上的茶葉還是貢茶，有點常識的人都知道，不管是什麼，凡是帶了「貢」字的品質一定不會差，因為只要帶了「貢」，一定是要獻給皇宮，貢米、貢茶都一樣。每年趕在清明以前，茶葉剛剛露頭時，摘下來，烘製好了，再趕緊送到宮裡。不過，那麼多茶葉，皇帝一個人未必喝得完，有時候心情一好，會大大方方地把最好的茶葉賞賜給大臣。所以，上品中的上品茶也就成為上流貴族間茶室裡的頂級配置。

有了好的茶葉還遠遠不夠，唐人精於茶道，連煮茶的水也十分挑剔。《茶經》說得很清楚，以山泉水最好，江水次之，井水又次之。以這個標準，我們平時用的純淨水不知道該劃在哪個等級，自來水又該是哪個等級呢？

當然，陸羽沒見過礦泉水，也沒見過自來水，即便見過，挑剔的唐朝人也不會用，尤其是那些錢多到沒地方花的人。就拿唐武宗時期的宰相李德裕來說吧！他當時住在長安，但是都不喝長安的水，因為他聽了陸羽的話，知道江南惠山的泉水最好，所以每次都要長途周轉，把水從惠山運到長安來煮茶。那可是數千里路啊！為了喝口茶，要費多大的周折啊！

最後再來說說茶碗。

說「茶碗」不太專業，其實唐朝人喝茶的茶具主要是杯盞。看古裝劇時就會看到這種茶具，一個帶蓋的茶杯，底下有個茶托，喝茶時一手托著茶托，一手慢慢掀開茶蓋，輕輕地呷一口茶：好茶！

但如果在古裝劇看到唐朝以前的人也這麼喝茶，這個導演可就有點缺少歷史知識了，因為茶托是唐朝以後才有的，最早人們喝茶只有杯子，沒有茶托。直到唐德宗年間，名將崔寧的千金生病了，丫鬟替她端了杯茶，要嘛是她太嬌氣，要嘛是真的病得不輕，嫌茶太燙手，要丫鬟拿個碟子讓她托著。這一托，咦?!大家都覺得這是個好辦法，不燙手了。但是，茶杯托在碟子上並不是那麼穩當，丫鬟一不小心就會把杯子打翻。於是她又想了個辦法，找個環狀的東西，固定在盤子中央，這樣杯子就不容易被打翻了。

崔家千金的這一場病，改變了中國人喝茶的習慣，那個托茶杯的碟子後來經過工匠們改良，變成一只可以把杯底嵌進去的小茶托。從此，中國人的茶具樣式便固定下來，一直沿用到今天。

唐朝人的茶具樣式雖然和現在已沒有多少區別，但質料卻要豐富得多。除了金、銀、玉器以外，還有瑪瑙、琉璃。當然，用得最多的還是屬陶瓷。

無論金、銀、玉器，還是瑪瑙、琉璃，畢竟都是有錢人使用的玩意兒，大多數人對茶具的選擇仍然是瓷器，尤其瓷器本身帶有的顏色，配合茶的顏色，會讓喝茶成為一種從味覺到視覺的完美享受。

陸羽的《茶經》說：「碗，越州為上。其茶具類玉類冰而益茶。茶色綠。」瞧，陸博士說得已經非常明白了。他說茶具選越州瓷是最好的，因為它的顏色像冰又像玉，與茶清透碧綠的顏色簡直是絕配。所以，大詩人們都說：「九秋風露越窯開，奪得千峰翠色來。」又有「越甌荷葉空」，還有「越犀玉液發茶香」，全是指清透的茶配上越州瓷後帶來的美的享受。

與越州瓷顏色相近的還有一種岳州瓷，陸羽對它的評價是色青，宜茶，據說用岳州瓷盛茶，也是明豔可賞的一種效果。

和越州瓷、岳州瓷一樣能與茶絕配的，還有一種大邑蜀窯燒出來的瓷器，薄而堅致，色白聲清，就連老杜當年在四川時都說：「大邑燒瓷輕且堅，扣如哀玉錦城傳；君家白碗勝似雪，急送茅齋也可憐。」這不是老杜的絕品好詩，但裡面的瓷卻是茶具裡的精品好瓷，如雪似玉，托著淡淡的一杯清茶，那樣的意境，遠比老杜的這首詩要美得更多。

唐越窯海棠式大碗

愛美篇

唐朝人的衣櫃

「雲想衣裳花想容」是李白的詩句。有一年春天，他站在沉香亭旁，看到牡丹花叢中的楊玉環，就想到了這一句，用來形容楊玉環和她那身漂亮衣裳。

楊玉環到底有多好看，今天是看不到了，不過唐朝女人會打扮卻是不爭的事實。一說到穿衣打扮，想來不少美女的眼睛都要睜得老大，心裡肯定想著自己雖然不敢說能媲美楊玉環，但論起穿衣打扮總還算得上是個達人，不管是網拍還是實體店面，都熟門熟路，各種時尚款的服裝，高腰、低胸、打底、外搭，流行什麼買什麼，哪種時尚穿哪種，走在街上的回頭率保證百分之百。

這一點我絕對相信，現在的服裝款式真是日新月異，看得眼花繚亂。聽說目前服裝界最流行的當屬韓國風，好像有一陣子就颳過哈韓風。還有什麼呢？低胸裝，露著一條若隱若現的事業線，非常性感；還有雪紡，一度也十分流行，輕薄的面料隨風飄揚，非常有仙氣。

假如我說現在玩的這些所謂的時尚流行，都是大唐女人玩剩下的，妳們會不會覺得很尷尬？但確實是真的，大唐女人在穿衣打扮上真的是引領時尚一千年，尤其是她們的化妝術，看了以後，估計妳都不好意思說自己是個化妝高手了。

要是不相信，就跟我去瞧瞧唐朝人的穿衣打扮吧！

唐朝女人怎麼穿？

西安博物院裡有一組大唐仕女俑，這些仕女一個個姿態迥異，各具神韻，卻一律體態豐盈，或者可以說就是幾個柔軟可愛的胖子。從她們身上可以看出大唐女人穿衣打扮的特點，大多梳著高高的髮髻，穿著質料非常輕薄的衣裙，領口開得很低，裙子的腰線很高，與今天街上流行的高腰裙幾乎別無二致。

高腰低胸是唐代女子衣裙最顯著的一個特點，但她們的衣裝卻不是一開始就這樣。初唐的女子在衣裝方面非常保守，那個時候流行的還是桃形領口或交領，上衣非常瘦小，露的也沒有那麼多。即使是出行，女人們也都把自己包裹得嚴嚴實實，「全身障蔽，不欲途路窺之」，和其他封建時期的女性一樣，都十分謹慎小心。

這一切的改變，是從中國第一御姊武則天二次入宮並執掌朝政開始。

這個世界是由男人和女人所構成，當男權在社會上占據絕對優勢時，女人自然而然就成為男子的附庸物。女人的一切都是男人的，不允許她將屬於他的東西隨意呈現給另一個男人看，更不能容忍與另一個男子共同享用，所以他會把女人包裹得嚴嚴實實，告訴女人哪怕只是妳的影子被另一個男人看一眼，都是罪大惡極的事。

自從武則天控制了大唐的政治權力後，世界發生了翻天覆地的變化，女人

唐仕女俑，西安博物院展出

再也不用低眉順眼地對著男人唯唯諾諾，她們開始充滿自信地向這個世界展示美與才能。這一時期的女性，公開挑戰男性的權威，在此以前，所有在女子身上不可想像的事情，全都被她們付諸實踐，包括做官、打馬球，還包括養情人，當然也包括大幅度展露自己美麗的身體。

「粉胸半掩疑晴雪」，她們袒露胸部的程度不斷擴大，身形也更加飽滿挺拔。衣服的面料開始採用更為輕薄的紗羅，這些面料有些部分甚至是半透明的，比今天的雪紡還要暴露。

現在，我們就來看一看大唐美女的服裝款式究竟是什麼樣子吧！

唐朝女人當時流行的服裝款式叫做「襦裙服」，襦上裙下，就是現在的兩半截上下混搭。不過，與今天不同的是，這個「襦」比較短，最多只及腰長，與下裙相接，卻可以露出胸的上半部。

襦衫的下面，當然要接一條長長的拖地長裙了。古時候，這個「裙」叫做「裳」。李太白的「雲想衣裳花想容」，想的就是這個「裳」，有點近似現在女人穿的裙子，不同的是裳不光女人穿，男人也穿。不過，我們這邊說的是唐朝女人的打扮，就先把它當作裙子來說吧！

唐朝女人的裙長及地，腰卻裁得很高，很像現在的韓版高腰裙。前些時候，我買了條這樣的裙子，賣衣服的人告訴我這是眼下最流行的款式，我以為是趕上了時髦，殊不知，竟然是一千多年前流行過的。

接下來說的是唐朝美女們都喜愛的一件小衣服——襴裙。大家可能覺得非常陌生，根本想像不出來襴裙是一種什麼樣的衣服。但估計現在大部分女孩兒都穿過這種衣服，很像現在常說的「抹胸」。

據說襴裙的來歷與楊玉環的一段桃色故事有關。她的胡人義子安祿山，不知道是真醉還是假醉，喝過酒後總喜歡在楊玉環的酥胸上亂摸，下手重時會把楊玉環的酥胸抓破。楊玉環無奈之下，只好做襴裙把胸護起來。

當然，這只是個傳說。中國女子的胸衣在唐朝以前就出現了，不同的是多加了兩條肩帶，近似於後來的肚兜，從脖子以下一直護到小腹，僅在後背繫上兩根纖細而神祕的繩子。

據我所知，「抹胸」的名字在唐代還有很多，比如訶子、腰彩、合歡、脅衣，指的都是圍在女人胸前的一件小衣服。最不可思議的是，唐朝的抹胸還有一個名字叫「襪」，對，就是襪子的襪。盧照鄰有句詩說：「倡家寶襪蛟龍帔。」這裡的「襪」指的絕對不是現在的襪子，而是娼妓的抹胸。

現在，再來說說最有大唐服裝特點的一件衣服——半臂。

前面講過一個故事，李隆基當臨淄王時，生日那天去王姑娘家串門，王姑娘當掉一件衣服回來替他過生日，當掉的就是一條紫色半臂。

什麼是半臂呢？

其實就是一件短袖外套，穿在上襦外面。這件外套不分男女，大唐人民都愛穿。簡單隨性，交領，右衽，下面接襴。什麼是襴呢？這是中國古代服裝的特色，可以理解成是在衣擺的下面再接條寬幅邊的意思。

另一種女式外套叫「褙子」，和現在女孩子的外搭十分接近。直領、對襟，腋下開胯，今天很多服裝是不是都採用了這樣的設計？所以才說大唐女人在穿衣打扮上領先了我們一千多年。當然也可以說，今天所有的這一切，其實都是復古，這樣說好像會更有面子一些。

好了，現在介紹一件最具女性特點的服飾，非常嫵媚，十分仙氣，就是大唐美女第一首選的服飾搭配——帔帛。

電視劇《大明宮詞》的太平公主，行走時肩膀上總有兩條長長的大紅色絲帶，就是現在要說的「帔帛」，後來慢慢演變成披肩。沒有哪個女孩兒不喜歡披肩，我的衣櫃就掛著好幾條，我一直都覺得披肩最能體現女性美，原來它的首創是在大唐。

最後，我們看看大唐女人腳上都穿什麼樣的鞋子。

有一種是「履」，古人常把鞋子叫做履，但實際上，鞋和履還是不太一樣。就拿唐朝人來說吧！「履」顯然更具有儀式感，鞋子則隨興點。從質料上來看，履大多是絲製品，當然也有用錦、麻、氈或皮做的。履頭的花樣很多，有的做成鳳頭，有的做成鴛鴦，有的做成如意，反正就是什麼好看，什麼吉祥，什麼看起來高貴又大方，就可能做到履頭上。

鞋子就沒有那麼複雜，多用絲繩或麻繩製成。這樣你就能聽出來，履多半是有錢人穿的，而鞋大多是平民老百姓穿的。

至於靴子，原本是舶來品，跟著胡人一起來到大唐。胡人騎馬都要穿靴，並且不分男女。唐朝女人愛好時尚，男人怎麼玩，她們也要跟著怎麼玩；男人騎馬，她們也騎馬，男人的腳上穿高筒靴，她們的腳上自然也會穿高筒靴了。

除了這三類以外，唐朝人的腳上還穿一種「屐」。對，沒錯，日本人現在還愛穿木屐，其實是從大唐流行過去的。屐沒有鞋幫，只有鞋底，底下有齒，上面穿繩，很像今天的夾腳拖。李白詩裡說：「玉面耶溪女，青娥紅粉妝；一雙金齒屐，兩足白如霜。」這會是一雙多麼動人的腳呀！

唐朝女人的奇裝異服

說完大唐女人穿衣的基本配置，不得不再聊聊當時女人們的「奇裝異服」。

第一就是女扮男裝。
西安博物院展出的那一組唐代仕女俑中，有一位年紀較小的胖女孩兒，從她的面部與身高來看，年紀要比其他幾位女性小，而穿在她身上的衣服也與其他人不同。你看她美麗的脖頸被一個小圓領緊緊包裹著，袖口也沒有其他人那麼寬大，一看就是件男人的衣服嘛！

唐代女扮男裝仕女俑

從這個穿男裝的唐代仕女俑可以看出，當時的女孩子真的很調皮，有時會穿男人的衣服，比今天的女孩子還會玩。

但其實大唐的女人穿男裝不只是為了玩，有一種說法是，唐朝女扮男裝的風氣來自上官婉兒。她是武則天身邊的「女祕書」，也是朝裡當官的人。奇怪的是，唐朝女人的地位雖然提高了，很多像上官婉兒這樣的女子可以和男子一樣出來做官，但大唐政府卻從未給這些女官員制定合乎她們特點的制服。於是只能找男人的制服穿搭，這樣一來反倒顯得更英姿颯爽。於是，女子著男裝的風氣就因她而起了。

大唐女子女扮男裝的不只是當官的上官婉兒，年少的太平公主也幹過這種事。一身男子裝束在皇帝老爹和皇后老媽面前翩翩起舞，還哄得他們高興得哈哈大笑，可見他們也很喜歡自己的女兒穿上這一身男裝。

這種男裝與大唐女子婀娜搖曳的女裝大為不同，衣身緊窄，圓領長褲，活動起來非常方便，倒是與胡人穿的胡服十分接近。

又提到胡人了。

約西元六三〇年，大唐收編了突厥汗國。突厥汗國內的粟特人開始進入長安，他們是第一批大量進入長安的胡人。

粟特人是一個商業民族，從魏晉以來就進入中國的西北部，形成許多獨立聚落，這種移民運動至貞觀時達到高峰。他們很多風俗與生活習慣讓大唐人民耳目一新，包括他們女子所穿的那一身短打扮，像男子一樣幹練、清爽，很快就成為長安城裡美女們追趕的時髦。

第二是袒露裝。

唐朝婦人穿衣服很奇怪，要嘛包得太緊，像胡服裝，要嘛就露得太多。電影《滿城盡帶黃金甲》中一個個露在鏡頭外面的酥胸，曾讓張藝謀導演背了好一陣子的罵名，但張導真的是冤枉，唐朝女人果真就是那麼喜歡露，不能讓張導歪曲歷史吧！

到了唐朝，女性的社會地位全面提升，思想也全面解放，她們穿衣打扮的開放與前衛，今天的女孩子們都望塵莫及。

再加上李氏王朝的鮮卑族血統裡，根本沒有太多漢文化的束縛，所以唐朝女人從一開始就可以騎馬、從軍，甚至衝鋒陷陣。高祖皇帝有個女兒平陽公主，曾經帶領一班女子軍鬧過起義。她們個個都是女漢子，膽子大，不受束縛，個性帶了張揚與自我的成分，就連穿衣打扮也不願受到太多拘束。

除了這種自帶的性格特點外，大唐的社會制度也為女人的個性解放提供了機會。學過歷史的人都知道，唐朝實行的是租庸調制，這項制度允許男人用女人織出來的絹、帛代替徭役，讓女人在家裡的地位一下子提升許多。這個道理顯而易見，女性的勞動得到社會認可，她們就擁有更多參加社會活動的機會，比如遊春、打獵。這些活動對女人而言，是展現美的機會，對男人而言，更是欣賞女人美的機會。於是文人們總是大做文章，誇女人的衣服，誇女人的臉蛋，還誇女人的身段。女人們受到了鼓舞，文人們的筆墨愈濃，誇得愈多，她們便露得愈多。這下好了，袒露裝在大唐女性間悄然興起，男人喜歡，女人也喜歡。

胡服女騎俑

唐朝男人怎麼穿？

說完唐朝女人的裝扮，再來看看男人的穿衣打扮。說起來，還真不比女人簡單多少呢！

先說唐代男人的頭吧！

現代男人穿著打扮很少在頭上下功夫，最多留個比較潮的髮型，或者戴頂比較酷的帽子。但唐朝的男人比較麻煩，他們的頭上有冠，有巾，也有帽，而且戴起來特別講究。

先說「冠」，這是一種身分象徵，不是什麼人都可以戴。當然，冠不只屬於男人，一些有身分的女人也戴冠。上自天子，下到公卿貴族，每當遇到重大儀式時，就會把冠找出來披掛上。一九八七年版的電視劇《紅樓夢》，賈寶玉的大姊元春省親那天，賈府上下盛裝相迎，無論男女，頭上戴著的都有冠。

「巾」就日常多了，還有個學名叫「襆頭」。古代的男人和現代男人不一樣，他們留著長長的頭髮。出門前要把頭髮綰起來，再用一塊頭巾包住，這個包頭的巾子就是襆頭。無論公卿、士庶都能戴，既無身分的區分，也沒有什麼特別的講究。只是古代的巾卻是男人的專屬品，不屬於女人，這一點不要搞錯了。

除了襆頭，唐朝人的頭上也戴帽子，頭頂的帽子是向胡人學的。

有一種圓形的帶簷帽子，垂著一圈帷布，把臉遮得密不透風，這叫做帷帽。帷帽從西域傳進來，到了大唐，不僅男人戴，女人也戴。比起男人，女人更怕風吹日晒，所以用帷帽蓋起來，倒是一種防風、防晒的好辦法。

不過帷帽雖能遮風擋太陽，但不禦寒，所以到了冬天，大唐人民就會戴一種氈帽，羊皮做的，也是傳自胡人，後來大受唐朝人民歡迎。

好，現在來看唐朝男人身上的衣服吧！

與女人上下搭配兩半截的襦裳不同，男人的身上是長長的袍衫。注意，袍和衫不是一件衣服，這得看你在什麼季節穿。如果天冷，那就穿袍，袍裡加了襯，如果更冷，還可以在裡面加絲棉，穿上很暖和；但是在夏天，那就穿衫吧！衫是一件單衣，穿著涼快。無論是袍還是衫，統一都是圓領子，窄袖，衣長過膝，有時還會在下擺續加一道「襴」。

如果讓你穿上一件大唐男人的長袍，會有什麼感覺？是不是覺得腿都快張不開了？突然想要上廁所，豈不是件麻煩事嗎？

唐朝的男裝還有一種叫缺胯袍或缺胯衫的衣服，就是在袍衫的兩側開衩。穿上這種長袍，無論是勞動還是騎馬，就方便多了。所以，這種服裝特別受廣大勞動人民和上戰場的軍人歡迎。

不管是開衩還是不開衩的長袍，對唐朝男人來說，都是出門在外才穿的衣服，只要回到家，他們也喜歡穿得隨興點，像現在一樣準備一套居家服，這種衣服在當時叫「衩衣」。但唐朝人講究，如果你在唐朝敢穿著衩衣見客，估計客人從你家出來後，就要和你絕交了。因為穿衩衣見客在唐代被視為對客人的輕視，甚至是侮辱。所以我們在電視上看到，舉凡有客人到來時，主人都會更衣相迎，說起來還真是比現代人更加講究禮數。

用什麼來裁我的新衣裳？

講了這麼多唐朝衣服，有沒有人想過，這些衣服都是用什麼面料做的呢？接下來就來聊聊唐朝衣服的材質吧！

我記得小時候流行穿「的確良」，後來又有喬其紗、泡泡紗，都是做裙子特別時髦的面料。那時候沒有人穿棉布衣服，大家都覺得棉布土氣，是農村人才穿的面料。但這些年風水輪流轉，「純棉」與「手工」成了時髦。但你有沒有想過，它們早在一千多年以前，就已經出現在唐朝人的衣櫃裡，有的比今天的還要精巧別致。不信，就去看看吧！

羽毛

遲子建老師有本小說《額爾古納河右岸》，講述鄂溫克族最後一位酋長夫人一生的故事。這位美麗的酋長夫人有一條裙子，是暗戀她的一位男子用一根根的羽毛為她織成，非常美麗。

用羽毛做衣裙不是這位男子的原創，早在唐朝時，不可一世的安樂公主就有一件美麗的羽衣裙，並且一時間引領了大唐女人的時裝潮流。

安樂公主的脾氣想必大家都聽說過，這位被寵壞的公主向來任性霸道。有一天，她在花園散步，看到樹枝上鳥兒的羽毛在陽光底下閃閃發光，非常好看。她突發奇想，閃閃發光的羽毛如果穿到自己的身上，不是也很美嗎？

安樂公主是個想到就要馬上做到的人，於是長安城裡的鳥兒可要受罪了，牠們被捕來殺掉，拔下羽毛，一點一點地撚成線，為公主織成衣服，果然五光十色，閃耀奪目。這下子，大唐的貴族女人全都跟風，羽毛裙一時成為風尚。

現在有動物保護法，想像安樂公主那樣用真正的羽毛做一件衣服來穿，估計動物保護協會一定會找你算帳。即使是在大唐，用鳥的羽毛做衣服也只有像安樂公主這樣上流社會的女子才能做到。其他人上哪兒去弄那麼多羽毛？他們常用的面料，還是以植物纖維製成的亞麻和蠶絲製成的絲綢為主。

絲綢

「昨日入城市，歸來淚滿巾；遍身羅綺者，不是養蠶人。」用這首詩說明古代什麼人才可以擁有一件絲綢衣服，大概再明白不過了。

絲綢製品在古代的價格非常昂貴，即使是富貴的大唐，也並非所有人都穿得起。絲製品的製作工藝太過複雜，從採桑養蠶，到作繭剝絲，再到紡織綢緞，要花費大量的人工與精力，且產量很低。物以稀為貴，難怪絲綢的價格不菲。所以，絲織品的衣服儘管不像羽毛裙那樣不可多得，但仍是有錢人家衣櫃裡的專屬。

唐代絲綢

毛氈

毛氈其實是個舶來品，隨著絲綢之路從中亞傳入中國，但很快就在大唐掀起一陣毛氈熱。說起來，這裡面還有段小故事，與大唐的一位宰相有關。

這位宰相叫裴度，此人因為整治朝綱手腕強硬，得罪不少人，有人想除掉他。有一天，裴度在上朝的路上，突然迎面飛來一刀，正好砍在他的腦袋上。裴度當時眼前一黑，心想這下完了，哪知這一刀卻只傷了他的頭皮，其他地方居然一點事都沒有。

這是為什麼呢？原來他頭上戴了一頂毛氈帽，因為毛氈質料厚實，所以那一刀沒砍進去。毛氈帽竟然救了他的命，從此就在大唐流行開了。

毛氈除了做帽子外，大唐人還用來做靴子、衣服，非常具有保暖作用，但還是以毛氈帽最有代表性，尤其是揚州的毛氈帽，在當時特別受歡迎。有一首詩說：「剗戴揚州帽，重熏異國香。」講的就是毛氈帽在當時深受長安少年的喜歡。

貂皮與駝絨

千萬不要以為貂皮是現代人的最愛，早在大唐時期就已經有人穿上貂皮，但當時都是皇室貴族才可以用得起的衣服面料，包括今天大衣常用的面料駝絨在內，普通老百姓可是難得一用。每年，西北的州縣會定期把駝絨上貢給皇帝，所以那時的駝絨是真正的皇室貴族才能穿得起的衣服面料。

棉布

棉布的原產地不在中國，也是沿著絲綢之路從印度和巴基斯坦一帶來到大唐，所以當時不像現在這樣隨處可見。由於棉布質料輕軟，透氣性好，所以很受人們喜愛，畢竟比起絲綢和貂皮，棉布還是親民很多。

以上這些就是大唐人民用最多的幾樣衣料，大部分看起來都是現在還在穿的，所以，大唐人民的衣服，無論是款式還是面料，都一直引領著服裝的時尚。

跟著唐朝美女學化妝

幾年前，我在一家公司上班時，前臺有個女孩子姓呂，長得非常漂亮，屬於那種走到哪都能吸引目光的正妹。她的男朋友是一所中學的體育老師，標準型男一枚，兩個人走在一起就是俊男美女的絕配。不過他們總愛吵架，常常都是雞毛蒜皮的小事。小呂嫌男朋友對她沒耐心，男朋友說小呂約會從來不守時。小呂很委屈，說女孩子出門不都要化個妝嗎？

如果真是這個原因的話，那就是小呂男朋友的不對了，女孩子出門前化個妝不是很正常

《簪花仕女圖》局部

嗎？時間長就長呀！你想問小呂化個妝需要多久？再怎麼算也不過才一個小時。不夠長嗎？如果你知道唐朝女人化妝的時間，就知道一個小時還真不算長。

梳頭也是門學問

小時候，我家掛著一幅周昉的《簪花仕女圖》，每次看到圖中女人盤得像雲一樣的頭髮，就纏著爸爸照那個樣子替我梳頭髮。但他只會幫我紮辮子，搞得我每次都要對他哭鬧好長時間。

去年為了寫一篇唐俑的稿子，去了趟陝西歷史博物館，展廳裡又見到了那些頭髮高高綰起來，很像一朵青雲似的大唐美女圖，就想起

小時候纏著我爸梳頭的事情。我把這件事告訴博物館的劉老師，劉老師說：「妳真是為難爸爸了，唐朝的女人能把頭髮梳成這樣，多半都是用假髮。」

其實古代人早就知道用假髮了，《詩經．君子偕老》說：「鬒髮如雲，不屑髢（鬄）也。」「鬄」就是假髮的意思。這句詩是誇衛宣姜的頭髮好到梳頭都不需要用假髮。但從另一個角度講，從周朝開始，富貴人家的女人就已經知道墊假髮了。到了唐朝，假髮更加司空見慣。所以無論我們看唐俑，還是看唐畫，都會覺得：「哇！唐朝女人的頭髮怎麼那麼多呢？」不要羨慕，多半是用假髮。

唐朝女人喜歡把頭髮高高地綰起來，做成各式各樣的髮式，如果不用假髮，根本達不到那麼濃密厚重的效果。不過，唐朝的假髮和現在的不一樣。現在的假髮做得常常可以達到以假亂真的效果，柔順有光澤，戴在頭上根本分不出是真是假。如果習慣了現在的假髮，回到大唐，幫你束假髮，你一定會嚇到叫出來。

唐朝人把假髮叫「義髻」，那時常有一些勞動婦女會把自己的真頭髮賣給有錢人做假髮。「秋收稻，夏收頭」是當時流行的一句民諺，說的就是窮人家的婦女，每到夏天就會賣掉自己的長髮，商人收購後，製作成供富人家女子使用的假髮。但其實更多的義髻還是用木料製成，在木料上面塗上黑漆，或者用彩漆漆上花紋，就是大唐女子的一段義髻。

義髻的使用為大唐女人提供了梳各種形狀奇特髮式的可能，現在來看看她們那些令人眼花繚亂的髮型吧！

妙齡少女的頭髮通常不會被高高地盤起來，而是從中間分開，梳成兩個小髻。未婚的小朋友注意了，如果妳們生長在唐朝，這樣的髮式就是妳的專屬雙髻，因為妳是個還沒有長大的「小丫頭」。

等將來有一天，妳找婆家要出嫁了，妳的兩個小髮髻就會被高高地綰起來啦！因為在大唐，高高綰起的髮髻是已婚婦女最明顯的標誌。不像現在，不管什麼年齡，不管已婚、未婚，梳什麼髮式全憑個人喜好。無論是大姑娘還是小媳婦，可別想從她的打扮中看出來。

已婚大唐女子的髮式，雖然都是高高地被綰起來，但綰的形狀卻五花八門，有的像雲，有的像鳥，有的像小山，有的像田螺，名字也好聽得不得了，鳳髻、螺髻、交心髻、百合髻……多到數不出來，現在就挑幾樣常見的說說吧！

雲朵髻

顧名思義，就是把頭髮梳成雲朵的樣子。想像一下，該是一叢頭髮疊著一層頭髮，高高地盤在頭頂，然後在髮髻間插上珠翠，這是大唐貴族婦女間比較流行的一種髮式。

雙環望仙髻

這是大唐年輕少婦喜歡的一種髮式，梳的時候先把頭髮高高綰起來，在頭頂分成兩束，用黑毛線分別束縛成環狀，高高地聳在頭頂，然後在髻前戴上一支金步搖，一走一顫，非常婀娜的樣子。

高髻持如玉仕女圖壁畫（唐代），唐貞順皇后敬陵遺址出土，陝西歷史博物館展出

彩繪女立俑，陝西歷史博物館展出

螺髻

這個名字很好理解，一定是外形看起來像螺殼的髮髻。這種髮式最早是小孩子使用，後來一度未婚的女子也這麼梳。但從武則天時期後，已婚女性硬是把這個樣式搶了過來，最終成為成年女性間比較流行的一種髮式。梳的時候先將頭髮用黑絲帶綁起來，然後在頭頂盤旋著，編成螺殼的樣子。

（唐）《舞樂屏風圖》

墜馬髻

這個名字一聽就清楚了，把髮髻梳得好像要從馬上跌落下來的樣子。這是一種形象的比喻，其實就是把頭髮高高地盤起來後偏向一邊，似倒非倒，形成一種凌亂感，能生出幾分憂鬱的神情，很適合大唐那些極其富貴的女人，又奢華又慵懶。

半翻髻

梳這種頭髮時，先把頭髮高高地束在頭頂，然後由下至上盤旋，至頂部時突然翻轉，並且做出傾斜的樣子，好像一片翻捲的荷葉迎風招展。

峨髻

這種髮髻梳出來的高度至少要三十公分，差不多一尺高。把頭髮梳得這麼高，倒是個增加身高的好辦法。所以峨髻在當時又叫高髻，特別受唐朝美女們歡迎。

我一直在想，這麼高的髮髻，除了朝裡面塞假髮外，到底是用什麼支撐這麼高的頭髮，而且屹立不倒呢？所以在大唐，梳頭絕對是門學問，光是這麼多複雜的髮式，估計不上個美容美髮的培訓班，很難學會這門手藝。更何況一會兒盤，一會兒編，一會兒還要翻轉，一會兒又要似墜非墜。所以如果真的在大唐，想要漂漂亮亮出門，一定要捨棄睡懶覺的幸福感，估計光是頭髮，就得折騰妳好一陣子，更不用說還要化個能讓人過目不忘的個性妝了。

大唐女子的「時世妝」

沒有仔細為大家介紹唐朝女子那些美麗而獨特的妝容以前，先念首詩給大家：

曉日穿隙明，開帷理妝點；傅粉貴重重，施朱憐冉冉。柔鬟背額垂，從鬢隨釵斂；凝翠暈蛾眉，輕紅拂花臉。滿頭行小梳，當面施圓靨；最恨落花時，妝成獨披掩。

寫的是一位年輕的大唐美女，清早起來，掀開帷帳，坐在化妝鏡前，先對著鏡子照一照那張比花還要嬌美動人的臉，然後懶洋洋地拿起粉撲，一重一重地傅粉。注意，大唐女子傅粉的面積不只是臉部，這點非常值得現在的某些美女們學習。我總是能在捷運上見到那些臉被抹得白如麵粉，脖子卻又青又黑的美女。她們應該學學大唐美女，傅粉要從面部一直傅到脖頸，再到酥胸（雖然我承認這的確很浪費）。

傅粉以後是施朱，也就是抹胭脂。唐朝美女的胭脂抹得可謂五花八門，她們會根據不同的妝面，有的抹在兩頰，有的抹得滿面都是，還有些抹在眼角。你們一會兒就會看到大唐女子各式各樣、奇奇怪怪的妝面啦！

胭脂塗好後，這位美女要修飾她的眉毛啦！唐朝美女畫眉用的是一種青黑色的顏料——黛。注意，這位美女畫青黛以前，要把自己的眉毛全部剔掉。要畫成什麼樣呢？唐代的眉形太多了，鴛鴦眉、小山眉、分梢眉、拂雲眉……多達十幾種，但最流行的還是長眉毛，長長的像柳葉一樣，「芙蓉如面柳如眉」嘛！

除了傅粉、塗紅、畫眉毛外，詩裡面的這位唐朝美女還有一個「施圓靨」的動作，需要重點解釋一下。唐朝美女化妝比現代人多一個程序，就是要在嘴角兩面點上紅、黃的斑點，形狀有的像月亮，有的像錢幣，但無論哪種樣式，點在嘴角都顯得那麼嫵媚動人。

這首詩是元稹的〈恨妝成〉，他為我們描寫了一位大唐美女化妝的全過程。那麼，唐朝女人化好的妝容是什麼樣子呢？一起來欣賞吧！

曉霞妝

曉霞妝的原創人不在唐代，而是三國時期，是魏文帝曹丕的妃子，名叫薛靈芸。薛美女心靈手巧，非常受曹丕寵愛。一天傍晚，她來看曹丕，不小心撞到屏風，臉上出現一道微紅的淤血，襯著美人雪白的面頰，像是霞光一樣好看。曹丕一見，喜歡得不得了。從此，這道淤血般的妝容就在宮裡流行開了。宮女們模仿薛美人臉上的瘀傷，用胭脂在臉上斜斜地畫一道，還取了個好聽的名字，叫做「曉霞妝」。

曉霞妝雖然起源於三國，卻在唐朝才開始大行其道。唐朝美女的化妝技術精湛，把這個由瘀傷演化而來的妝面，化得更加具有逼真的效果，從太陽穴以下，慢慢湮染成血一樣的感覺，很像今天流行的「傷痕妝」。

鎏金鸚鵡卷草紋雲頭形銀粉盒，陝西省西安市藍田縣楊家溝出土，陝西歷史博物館展出

落梅妝

落梅妝的創始人是南北朝時期的一位公主，她非常喜愛梅花，有一天賞梅賞累了，就躺在殿前休息。結果一朵梅花飄飄悠悠地落下來，正好落在她的前額，留下一處淡紅色的梅花形印跡。公主醒來後，周圍的人都覺得這個印跡簡直為公主美麗的面容又增色不少，公主自然高興，於是後來化妝時，就特意在前額加上一朵小梅花。從此，「落梅妝」便開始流行起來。

到了唐朝，落梅妝的形式變得更加豐富，不僅材質五花八門，樣子也是花草魚蟲無所不有，並且有了一個新的名字，叫做「花鈿妝」。

淚妝

要說淚妝，就得先說說楊玉環的姊姊虢國夫人。有一首詩說：「虢國夫人承主恩，平明騎馬入宮門；卻嫌脂粉汙顏色，淡掃蛾眉朝至尊。」虢國夫人經常素顏朝天地騎馬入宮見天子，這也是人家有本錢，和她妹妹一樣天生麗質，所以對於其他人的濃妝豔抹，虢國夫人壓根看不在眼裡，只在臉上施些素粉就出門了。

這種妝容與當時濃妝豔麗的女人站在一起，自然顯得蒼白，給人一種情緒低落、甚至有些哀傷的感覺，大概就是「淚妝」這個名字的由來。不過，這種妝容看起來楚楚可憐，別有一番動人的效果，所以一度非常盛行，就連楊玉環也喜歡化這種妝。

酒暈妝

這個妝面從字義上大概就能知道樣子，沒錯，看起來就像喝醉酒一樣，臉上有一片紅紅的酒暈，非常惹人憐愛。

這種妝容不僅在當時很受歡迎，即使是今天也不落伍。根據胭脂所用的濃淡，又分桃花妝與飛霞妝，桃花妝比酒暈妝淡一些，而飛霞妝則如紅霞一般，是非常豔麗的一種妝容。

時世妝

白居易有一首詩〈時世妝〉描寫這種妝容：「時世流行無遠近，腮不施朱面無粉；烏膏注唇唇似泥，雙眉畫作八字低；妍媸黑白失本態，妝成盡似含悲啼。」

這種妝面是什麼樣子，詩中似乎說得非常清楚了。不用胭脂、不施粉，黑嘴唇，八字眉——所以老白說「妝成盡似含悲啼」，實在是不怎麼好看。這種時尚之風前衛到即使是今天的女孩子，估計也很難接受，真是一種大膽創意，值得化妝界的後人們好好研究學習。

血暈妝

如果說「時世妝」的黑嘴唇、八字眉已經算是唐代女性夠大膽、夠任性的一種妝容，血暈妝簡直就近乎瘋狂了。「婦人去眉，以丹紫三四橫約於目上下，謂之血暈妝。」先把眉毛剃光，用紅色或紫色在雙眼上下畫出三、四條弧紋，完全是一副遭受家暴的樣子。大概可以算是大唐女人在化妝術上尋奇求異、變化無常的巔峰之作了。

現在的妳縱然再有創意，再喜愛玩新奇，但妳有膽量化血暈妝出門逛街嗎？大唐女人敢，她們玩時尚也真是玩得登峰造極了。

宋徽宗臨摹唐代張萱的《虢國夫人遊春圖》，遼寧博物館藏

誰沒有幾樣上得了檯面的首飾？

如果妳以為頭髮梳過了，妝也化好了，大唐美女就可以出門，那可就想錯了。大唐美女都是慢性子，對於裝扮自己這件事情，她們絕不會馬虎，總得再選幾樣合適的首飾戴上才出門吧！

「去把我的百寶箱抱來吧！」

唐朝女人的百寶箱裡，可真算得上琳琅滿目。不光是因為唐朝女人的經濟寬裕，也和她們良好的文化教育背景與審美情趣有關。所以，唐朝女人的首飾大多做工精緻，花樣繁多。頭髮上有簪、釵、步搖、梳、篦、珠花；脖子上有項鍊、項圈、念珠、瓔珞；手臂上有臂釧、手鐲

等，不一而足，隨隨便便拿出兩件，都能讓人目瞪口呆。

現在，我們挑幾樣髮飾來看一看吧！

簪釵

聽得最多的髮飾就是簪和釵，都是別在髮髻間的裝飾。但有沒有人知道，髮簪與釵到底有什麼差別呢？

現在，我們就在大唐美女的百寶箱裡，分別取一支簪和一支釵來看看吧！

從外形上看，簪只有一股，釵卻是兩股。簡單地說，簪就像一根筷子，而釵卻像一把叉子。

說到這裡，我突然想起白居易〈長恨歌〉的那一句：「釵留一股合一扇，釵擘黃金合分鈿。」釵之所以被做成兩股的形狀，大概真的與愛情有關。古代女子常把釵做為信物，轉贈給心上人，但送的卻不是整支釵，而是把兩股釵一分為二，一股贈對方，一股自己留著。這叫做「分釵」，非常古典，也十分具有美感的贈別方式。

唐朝初期的簪釵長度比較短，到了盛唐以後，隨著高髻髮式的流行，簪釵的長度愈來愈長，有些竟達三十多公分，甚至四十公分。這麼長的簪釵，除了與當時流行高髻的髮式有關以外，和簪釵的配戴方法也有關。據說初唐時期的美女習慣把簪釵深深插進髮髻，只留一個釵頭在外面，但到了中晚唐以後，卻喜歡把一截釵身與釵頭一併露在髮外，這樣似乎更好看一點。

步搖

步搖是簪釵的另一種名稱，但聽起來遠比簪釵動感，因為下端綴有細長的珠翠，隨著腳步挪動會一走一搖，所以就叫「步搖」。這是奢侈品，因為搖曳生姿的珠翠不是普通家庭所能擁有的。據說唐玄宗曾送給楊玉環一支金步搖，是用上等的鎮庫紫磨金（紫磨金是黃金中的上品）製成，戴在楊美女的鬢間，真是嫵媚生姿，難怪「從此君王不早朝」了。所以，後來曾有人將金步搖與胡服並列為大唐的「妖服」，實在是美到能迷惑男人的心啊！

梳篦

梳，就是梳頭的梳子。篦，現在很少見了，雖然和梳子的作用差不多，但齒比梳子更細、更密，我小時候在鄉下曾見到奶奶輩的人在用。那時候人們很少洗頭、洗澡，常用篦子篦頭髮，用來去垢止癢。

但在大唐，尤其到了晚唐，梳和篦卻都成了髮飾。有的單插一支在前額，也有單插一支於髻後，或者分別插在左右兩側，材質多為金或玉，做成半圓形，上面雕刻著花紋，做工相當講

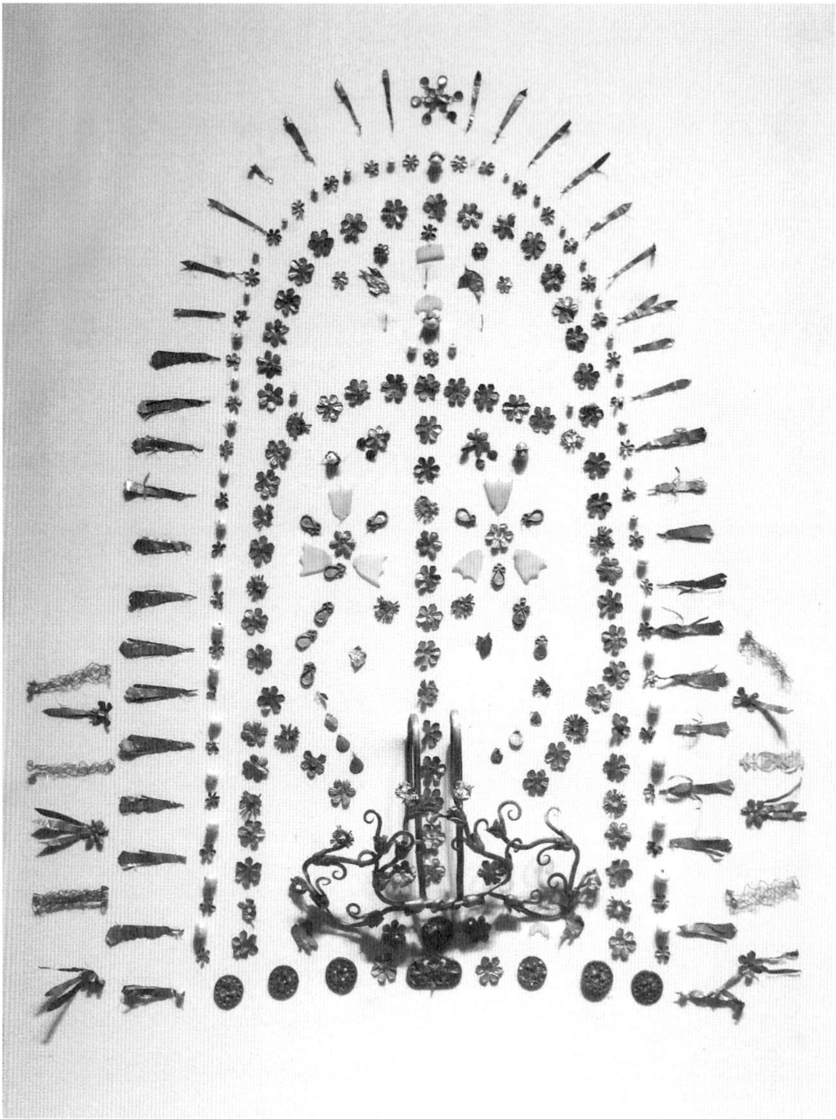

唐女子頭飾，西安咸陽機場賀若氏墓出土，陝西歷史博物館展出

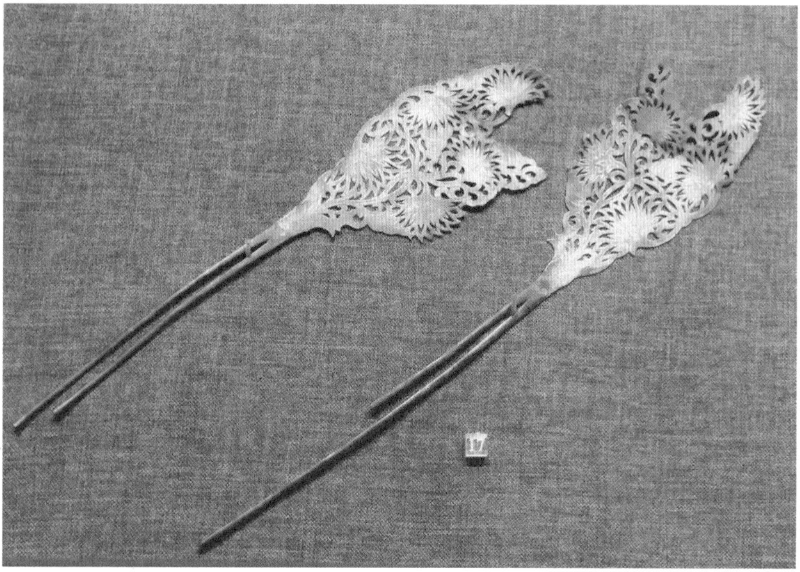

鎏金蔓草蝴蝶紋銀釵（唐代），陝西歷史博物館展出

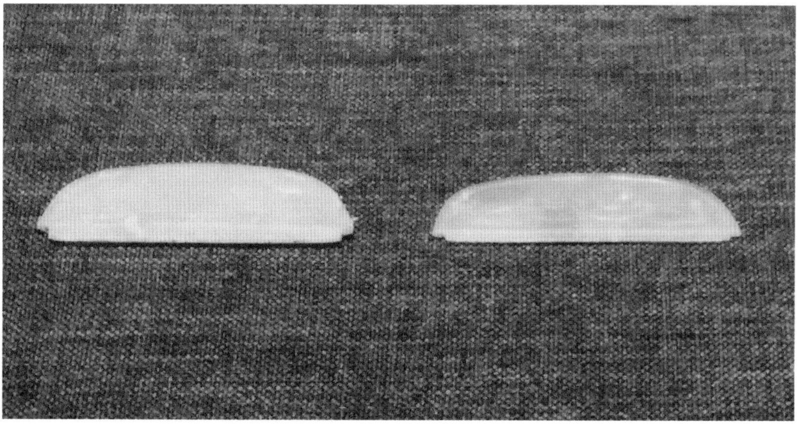

龜紋玉梳背（唐代），出土於陝西省西安市東郊韓森寨唐墓，陝西歷史博物館展出

究。

梳篦做髮飾在大唐的流行呈漸進式，剛開始只是女人頭上一個小小的點綴，但到了晚唐時期，一度幾乎到了可以取代簪釵、步搖的地步。女人頭上的梳子愈來愈多，有時甚至多達十幾把，五花八門，插法各異，真如詩裡所說「滿頭行小梳」了。

欣賞完大唐美女的髮飾，現在來看看她們脖子上要戴的首飾。脖子上配戴最多的是項鍊，這個過於普通，暫且不提，先看一種不常見的「瓔珞」。

瓔珞

瓔珞不是中國的原創，是由印度隨著佛教一起來到中國。有一點像現在常見的項圈，項圈底下綴有串飾，這些串飾的數量有多有少，規格也有大有小。

唐朝時的瓔珞被分成為兩種，一種叫短瓔珞，類似今天的項圈，通常綴有一到三條珠掛。但比起這些珠掛，項圈上的雕刻其實更突顯功夫，因為通常這些圈體上的雕刻才是一個項圈裝飾的重點。項圈上有的雕花，有的雕草，雕工雖然樸素，但功力不凡。

還有一種叫披掛式瓔珞，從形狀上看就顯得誇張許多。不僅長度過膝，形狀也千變萬化。有的單肩斜掛，也有雙肩掛，有些瓔珞上的串珠還會和臂膀上的臂釧相連，不過，這類瓔珞卻是只有佛才配得上的披掛，大唐美女絕不會戴這個。

耳飾

現在來看看大唐美女的耳飾。很奇怪，大唐美女的百寶箱裡，各種飾品一應俱全，唯獨少有耳環、耳墜等，難道大唐美女都不戴耳飾嗎？

有一種說法是，耳環和耳墜不是中原女人的首飾，原屬於少數偏遠地區的婦女，而且最初的作用也不是用來打扮自己。

事情是這樣的，當初由母系氏族向父系氏族轉變的過程中，男人經常會掠奪其他部落的女人當自己的媳婦，他們怕這些搶來的女人逃跑，就在她們的手、脖子、耳朵上掛金屬物，甚至替女人的耳朵穿洞、掛鈴鐺，防止女人逃跑。所以，今天的女人當作首飾來裝飾自己的這些東西，在當時只是防止女人逃跑的工具。

秦、漢時期，中原地區曾一度流行過耳飾，〈陌上桑〉的羅敷女不就是「頭上倭墮髻，耳中明月珠」嗎？但到了六朝以後，中原女子就很少再配戴耳飾，直到大唐時代，這類飾品在女人的百寶箱內也不多見。漢族的美女真正開始流行用耳飾，是宋朝以後的事情了。

雖說大唐美女的百寶箱裡沒有找到耳飾，但她們手上的飾品可不少，戒指、手鐲太普遍了，說一個現在不多見的臂釧吧！

臂釧

說臂釧前，先來說說釧。釧，其實就是鐲子；臂釧，當然就是戴在臂腕上的鐲。現代女孩子一般不用這種首飾，但在大唐卻非常流行。它還有一個非常形象化的名字叫「纏臂金」，少的戴一圈，多則三、五圈，甚至還有十幾圈的。臂釧纏在手臂上，環圈由大到小，排得整整齊齊，看起來十分富貴。

香囊

最後說的是香囊，現代人不識貨，常叫成香爐，它是唐朝美女們隨身攜帶的一件小飾品。楊玉環死在馬嵬坡時，唐玄宗心裡難受，給她的陪葬裡也有一個香囊。可見在大唐，香囊的確是很受美女喜歡的一件飾品。

金屬材質的香囊會繫在唐代美女的裙擺或帷帳，既能驅蟲去穢，也可隨時散發出一種清香。

香囊的工藝非常講究，多為銀製品，以中部水平線為界，平均分割成兩個半球形，上下球體之間用子母扣套合。最大的絕妙之處在於無論球體怎麼晃動，裡面的香盂始終能保持平衡，使放在其中的香料不會灑出來。這種設計在一千年後才被西方運用到航海上，也就是陀螺原理。這麼高深莫測的物理學原理，竟然早在一千多年前就被用在大唐美女的首飾上，大唐人民的智慧實在是超前布署。

愛美，不是女人的專利

說了那麼多關於美女的話題，大唐帥哥們也許會有意見，因為在大唐，不僅女人愛漂亮，男人也很愛美。

說起男人的美，不得不先提一個朝代，就是早於大唐幾百年的兩晉南北朝。兩晉南北朝是中國歷史上一個非常特殊的時期，這個時期的人們好清談，崇尚精神上的閒逸任達，這種風尚使中國的美學意識前無古人。中國歷史上幾位非常著名的美男子都出現在這一時期，比如潘安、衛玠、何晏。他們顛覆了歷史上對男性美感的認識，健壯挺拔已不再是美男子的衡量標準，相反的，這些人纖弱到如女子一樣。

潘安不用說，先說衛玠。衛玠長得太好看了，皮膚白得像玉一樣，只要一出門就遭圍觀，

唐鏤空飛鳥葡萄紋銀香囊內部結構

鎏金銅獸首鉸鏈玉臂環（唐代），西安市何家村出土，陝西歷史博物館展出

粉絲像潮水般湧著來看他，有如現在的小鮮肉。但衛玠比林黛玉還弱不禁風，常常被圍觀的人群搞得精疲力盡，最後活活累死了，這就是歷史上非常有名的「看殺衛玠」。

這一時期的男子以其最美、最弱的姿容，颳起了中國歷史上一股柔弱的美男風，不過此風在將近二千年後的今天似乎再次盛行，「偽娘」一詞便是為今天如衛玠般的美男設計。他們不同於關羽、趙雲這樣的漢子，反而具有一種如花美眷似的女性美，皮膚細白，身材纖秀，說起話來都溫柔似水。

不過現在說的是大唐，大唐男人雖然沒有延續兩晉時期的柔美之風，但對美的追求絲毫不弱。有一個叫韋崟的人，聽說朋友新得到一位美人，就有點坐不住了，在家裡先把自己上上下下捯飭一番，塗胭脂，抹口紅，戴絲巾，一番精心打扮後，就跑去和美人比美了。

像韋崟這樣喜歡打扮自己的男人，在大唐男子中絕不是個例。唐朝是個開放的時代，不僅女人在穿衣打扮上頗費心思，男子也樣樣都不落後。因為政治與民風的開放，不僅女人喜歡穿男裝，男人也喜歡女人們的一些裝扮，「婦人為丈夫相，丈夫為婦人之飾。」男人「裹絲巾，抹胭脂，塗口紅」在當時是一件很平常的事情。所以像韋崟這樣，為了見一位美人而把自己像女人般從頭到腳捯飭一番的事，不足為奇。

除此以外，唐代的男子也非常注意護膚。

杜甫有一首〈臘日〉寫道：「口脂面藥隨恩澤，翠管銀罌下九霄。」裡面提到的「口脂」和「面藥」就是當時的一種護膚品，對滋潤皮膚非常有效果，女人用，男人也用。《歲時廣記》記載大唐的皇帝會定期分賜大臣們口脂面藥，這不就是在鼓勵男人們也要注意、愛護他們的皮膚嗎？

不僅如此，大唐的男子們還有一個非常女性化的癖好，愛在頭上戴花。上至天子，下至黎民百姓，人人頭上一朵花，這在當時絕對是件十分有品味的事情。尤其是有喜事時，比方說新科進士的慶賀宴上，就有「簪花禮」的重要儀式，新科進士都以簪花而感到榮耀。過節了也簪花，盧綸的詩句「茱萸一朵映華簪」和杜牧的詩句「塵世難逢開口笑，菊花須插滿頭歸」，寫的都是男人頭上簪花的故事。還有一個故事，汝陽王李璡為唐玄宗表演羯鼓時，玄宗看得高興，順手把自己頭上戴的一朵花，插到李璡的帽子上做為獎賞。這真是上行下效，連皇帝都喜歡頭上戴花，還常常把自己頭上戴的花做為獎品賜給大臣，你說，長安城裡的男人們能不喜歡戴花嗎？

最後，再來看一件大唐男人最前衛的事情——文身。

文身在唐代早就不是什麼新鮮事了，當時的長安、蜀都和荊州的文身手藝非常出名，到處都能見到文身工作室，變成一種時尚，甚至成為一種文化現象，被遠播日本與亞洲各國，可以說大唐的文身技術在當時可是引領世界潮流呢！

無論是文身、簪花，還是塗胭脂、抹口紅，大唐男子們在注重外在美感的同時，更加重視自身才華的培養。大唐之所以可以創造出那麼輝煌的文明成就，絕不是靠好看的臉蛋取得，這個道理無論是一千年以前的唐代，還是今天的二十一世紀同樣適用。「顏值」是個很容易凋零的東西，只有學到真本事，才不會隨著歲月的風華消逝，相反的，還有可能愈老愈吃香啊！

婚戀篇

讓我們戀愛吧！

「讓我們戀愛吧！」

這是不是很甜蜜、很感人的一句話？舉個手來看一看，誰對他（她）說過這句話，又有誰聽他（她）說過這句話？別不好意思，只要確認過眼神，遇上對的那個人，幹嘛不說這句話呢？這世上難道還有比戀愛更讓人感到甜蜜的事情嗎？為什麼要扭扭捏捏呢？又不是古代閨閣裡的大小姐。

古代的青年男女之間沒有戀愛可談，到了男大當婚、女大當嫁的年紀，自然有父母做主，請個媒婆，找個門當戶對的人家，敲定日子，然後三書六禮，拜堂成親，等入了洞房，掀了蓋頭，兩人可能才見第一面，是光臉還是麻子，都沒有「退貨」的機會了。

但唐朝卻是個例外，唐朝的青年男女在婚戀問題上所享有的自主權，在整個封建時代都很少見，為什麼呢？

唐朝是個民族大融合的時代，那些在馬背上長大的民族，沒有受到漢儒的教化，遼闊的草原給了他們粗獷率真的性格。在他們的社會中，有很多地方還保留著原始母系氏族社會的味道，女性的地位非常高，她們從沒有像漢人婦女一樣受到那麼多的禮教約束。

當這些民族兄弟騎著馬兒進入大唐後，他們的文化風俗也跟著來了。在這種風俗的影響下，大唐的女子一改往日大漢民族那種羞答答的女性美。她們率真、果敢，體現在愛情觀上，要是看上哪個男人，再也不會欲語還休地藏在屏風背後偷偷惦記。

當然，首先是因為整個大唐的社會氛圍，允許女性這種愛情自由主義的存在。唐朝是中國歷史上經濟文化極度繁榮發展的時期，文化愈發達，思想愈解放。舉個例子，《唐律・戶婚》有一條規定：「諸卑幼在外，尊長後為訂婚，而卑幼自娶妻已成者，婚如法。」什麼意思呢？就是說即使子女未徵得家長同意而建立婚姻關係，也能得到法律認可，受法律保護。

在這種國家政策之下，大唐的青年男女在很大程度上，便享有婚姻的自由了。

王子與公主的愛情，那是個童話

說到愛情，最美妙的莫過於王子與公主，他們好像天生就應該在一起。當然如果王子愛上了灰姑娘，那也是個美麗的童話。不過在大唐，這種童話發生的機率非常低。為什麼呢？因為唐朝的皇室貴族非常看重門第。裁縫店老闆的女兒想嫁給唐朝的貴族，基本上是白日夢。

當然，凡事都有例外。唐朝還真有這樣的女孩把這個白日夢作成了，這人就是武則天。武則天真的嫁給王子，而且後來還乾脆當起了皇帝。說起來，武則天的出身還真不怎麼高貴，爸爸早前賣豆腐，後來靠木材生意致富。從某種角度上說，武則天也算是富二代，但在門第觀念十分盛行的大唐初年，這個出身不怎麼能放上檯面。

唐朝的門第觀，不是說誰家有錢，誰家的官大，誰家的門樓就高不可攀，唐朝的貴族必須從魏晉南北朝說起。

魏晉是個特別講門閥的時代。

什麼是門閥呢？門，就是門第；閥，就是閥閱。簡單說就是政績、功勛與經歷。魏晉時期特別講這個，世代為官的便是門閥很高的家族，在社會上很有影響力，他們也覺得自己很厲害，壓根兒瞧不起一般人。

這種風氣從南北朝經短暫的隋朝，一直延續到唐朝。雖然當時的門閥大族已經衰落，基本上在朝裡無官可做，但勢力卻沒有倒，在社會上的名望依然很高，所以他們根本不把唐朝的新貴放在眼裡，動不動就會把老祖宗擺出來說：「我家祖上在漢朝時就怎樣，你家興起來才幾天？」在他們看來，唐朝新貴個個都是暴發戶。

但暴發戶卻非常看得上這些舊勢力的門第，整天趕著要和他們結親。誰家娶媳婦，都以娶了舊貴族家的千金而自豪；誰家嫁女兒，都想把女兒嫁給舊貴族的兒子，好沾貴族親戚的光。在這種風氣下，武則天一個木材商的女兒，硬是從小小的才女，一步一步拚殺成唐朝政治的巔峰人物，絕對不是只靠顏值就可以做到。只是這位女皇的出身的確不怎麼有面子，靠木材致富的父親也沒讓她少受到宮裡人的嘲笑。別說大唐那些舊貴族瞧不起武家，就連突厥的可汗也不把她這個「武」字放在眼裡。有一次這位可汗向大唐求親，一看來相親的是武家的子弟就不要了——「我女兒要嫁的是大唐李氏的子孫」。瞧，這讓武則天多沒面子。

儘管武則天吃夠了出身的苦，照理說到了兒女婚事上，她總該開明一些吧？可她沒有，雖然自己出身不好，但女兒都是金枝玉葉，雖然不能再嫁給皇帝，至少門第上不能受委屈。

太平公主下嫁薛紹時，還沒有過門，武則天就下了旨意，要薛家把前面的媳婦們先休掉。這些媳婦是薛紹的嫂嫂，娘家的門第都比較低，在武則天眼裡，她們怎麼配得上和自己家的公主做妯娌？

從這點來看就能知道，唐朝的貴族婚姻中，門第是先決條件，門不當、戶不對，一切免談。不過話說回來，武則天千萬不要以為她的寶貝女兒真的那麼受歡迎。雖說「皇帝的女兒不愁嫁」，但這句話在大唐公主的身上一點都不靈驗，相反的，唐朝的諸位公主們，常常都面臨無人敢娶的尷尬。

為什麼呢？

雖然大唐貴族間聯姻看重門第，但人品也很關鍵。大唐的這些公主們，一個個驕縱不遜，生活作風嚴重有問題，最重要的是，還非常不懂規矩。《醉打金枝》的故事講的是十分刁蠻且不懂規矩的昇平公主。她是唐代宗的女兒，嫁給了大將郭子儀的兒子郭曖。這一天，郭曖的老母親過生日，全家都去叩頭賀拜，唯獨昇平不去。她覺得自己是堂堂大唐的公主，金枝玉葉，憑什麼對一個老太婆拜壽？大唐的公主就是這麼囂張。

這麼難伺候的兒媳婦，誰家敢要呢？因為誰娶媳婦不想要個品行好的女孩子呢？除了門第、品行，唐朝人的婚姻觀還有一項關鍵的衡量標準，就是家底。

這話沒問題，現代的丈母娘挑女婿，都要先問有沒有車，有沒有房，銀行存摺有幾位數，更何況是唐朝的那些貴族呢？

唐朝貴族間論婚姻常講門第，因為這些人都是名門望族，當然講得起門第。但有一些人是後起之秀，牆新樹不老，他們雖然也在朝廷做了高官，但那些老貴族依然看不起。舉個例子，武則天時期的宰相許敬宗，就是從一個小小的別駕爬上來，他的兒女想要躋身大唐根深柢固的貴族之家，還是有些難度。怎麼辦？像這類家庭，既然門第攀不上，關於婚姻，他們的主張就是多撈點錢。

許敬宗為了能在兒女的婚姻上多撈些錢財，先是把女兒遠嫁到嶺南的馮家。要知道，當時的嶺南，在長安人的眼裡可是蠻夷之地呀！但馮家有錢，而且好歹在嶺南也是有頭有臉的家族。這也就算了，二女兒嫁的錢家是什麼出身呀?!錢家的祖宗以前是李淵身邊的一個奴僕，但後來發達了。許敬宗把女兒嫁給錢家，不知道挨了多少人的罵，但他也得到不少的錢呀！

像許敬宗這樣收取大量錢財嫁女兒的事情，在當時的大唐上層社會非常盛行。不光娶老婆要花錢，有時候嫁女兒的嫁妝也貴得驚人，當時有個專屬名詞叫「陪門財」。誰出陪門財？誰收陪門財？當然就看是誰要攀附著誰來結這門親了。既然想要憑兒女婚事攀高枝，那只好多花些「陪門錢」了。所以，唐朝上層社會的婚姻，錢也很關鍵。

無論是門第觀還是陪門財，都是有錢有勢家族的婚姻觀。他們在大唐的整體社會畢竟不占大宗，大多數還是普通百姓家兒女們的婚姻。普通家族既然沒有什麼門第，也就不需要攀比；既然大家都不是土豪，那就講點情義。所以，大唐民間的婚姻愛情反而顯得更加單純，倒是能常看到充滿浪漫和美好的愛情故事，也能體現大唐開放民風下的愛情擇偶觀。

自己的老公自己選

說愛情以前，先來念首大家都熟悉的詩：「去年今日此門中，人面桃花相映紅；人面不知何處去，桃花依舊笑春風。」這是崔護的〈題都城南莊〉。有一年春天，崔護信馬游韁到了長安城外，在一片桃園深處見到一處農院，忽然感覺口渴，便想討口水喝，於是遇到了美麗的絳娘。

絳娘長得像桃花一樣好看，崔護可能多看了她幾眼，還暗送了些秋波，姑娘從此就動心了。

在愛情這個問題上，男人和女人的差別在於女人一旦愛上了，他就是她的全世界，而男人即使愛上了，她也只是他世界裡的一部分。桃花樹下兩人別過以後，絳娘對崔護就放不下了，日日相思、夜夜想念，從春天到夏天，再從秋天到冬天，但始終見不到崔護的身影。

崔護去做什麼了？離開絳娘後，他回到自己的世界，讀書、科考，空閒時和朋友喝個小酒，聊些文藝，很快就把絳娘忘到腦後。

直到第二年春天，看到長安城裡的桃花又粉嘟嘟地開滿時，崔護忽然想起那個曾經見過和桃花一樣可愛的女子。這一想起就停不下了，總覺得那位姑娘還在眼前晃來晃去，於是打馬揮鞭來到城外，找到那片桃林，又看到桃林掩映下的農院。

不過這一次，院裡卻空無一人。崔護等到太陽下山也沒有見到絳娘的影子，於是留下那首詩，失望而歸。

這一次尋美人而不遇，令崔護的心再也無法平靜，從此整日對絳娘念念不忘，幾乎到了茶不思、飯不想的程度。又過了些日子，終於相思難耐，再次來到那座農院，誰知命運弄人，這次見到的卻是絳娘的屍體。

自前一年崔護離開後，絳娘便對他日日記掛，時刻不能相忘，整天盼著能與崔護再次相見，但恰巧那一天崔護來了，她卻正好去親戚家。絳娘回來後，見到崔護題在門上的詩，又悔又急之下就病倒了。相思本就使人愁，再加上她可能心病實在太重，沒幾天功夫便香消玉殞。

崔護聽絳娘的父親哭著向他訴說這一切，徹底感到後悔，他抱著絳娘還有餘溫的身體大哭不止。說也奇怪，老天爺大概真的有心成全這一對，在崔護寸斷肝腸的哭聲裡，絳娘居然緩緩地睜開眼睛——她活過來了。

崔護欣喜若狂，歡歡喜喜地把絳娘娶回家。

故事講完了，從這個故事裡，我們可以看出絳娘正是待字閨中的年紀，她對崔護一見鍾情，從此念念不忘。她的父親其實很尊重她的這份愛情，沒有像很多虐心劇演的那些迂腐老爹一樣，因為怕女兒搞出傷風敗俗的事情，就趕緊把她嫁掉。絳娘的父親一直陪著女兒等崔護，這樣的老父親，在一千多年前，的確相當開明、前衛。

這是大唐平民之間的愛情，像這樣的愛情在民間可不僅此一例。絳娘是土生土長的長安姑娘，有點陝西人的一根筋，愛上了九頭牛都拉不回來。而江南的小晁姑娘，同樣也是個花痴。

晁姑娘芳名晁采，家住江南。與絳娘農家姑娘的出身不同，她生在書香之家，從小舞文弄墨，很有文采。她們家隔壁住著一戶姓文的人家，有個男孩子，與晁采從小一起長大，是真正的青梅竹馬。重要的是，兩個人都是文青，平時沒事就愛對個聯、和個詩。隨著年紀一天天長大，兩人開始眉目傳情。

有一天，晁姑娘家裡種的蓮花結籽，姑娘偷偷摘了幾顆，派小丫鬟送去給文哥哥，還悄悄地寫了句話：「吾憐子（蓮子）也，欲使君知吾心苦耳。」這是多麼含情脈脈的表達呀！

小哥哥立即心領神會，心臟感動得撲通撲通亂跳。他把蓮子種在庭院，後來居然長出一朵並蒂的蓮花。這兆頭太好了，他趕緊跑去找姑娘表達愛意，兩人就私定了終身。

姑娘的媽媽是個和絳娘父親同樣開明的家長，既然兩個人都講好了，看起來也是郎才女貌，我還能有什麼能說的呢？

由於唐朝百姓間沒有權勢與金錢的交易，男女之間的愛情往往顯得純真而美好。像崔護與絳娘，晁采和文郎，他們都是兩情相悅，最終結為眷屬。說到這裡，又想起一個愛情故事，一個小夥子在街上遇到一個賣香粉的小姑娘，一眼就喜歡上她。於是天天都到攤子前買香粉。買多了，姑娘就問他，你天天買粉，都給誰用呀？小夥子會說話，說：「我喜歡上了一個人，為了見她，只好天天買香粉。」

姑娘一聽，心裡馬上就樂了，原來她早就喜歡上這個小夥子。在大唐，愛情來得就是這麼簡單。

民間這股自由的愛情風，對大唐的上層社會逐漸產生一些影響，雖然門第與金錢的觀念依然盛行，但有些父母也會考慮在門第相當的家庭裡，讓子女們自主擇偶，其中最有名的當屬李林甫了。

李林甫在家裡客廳的牆上開了扇小窗，只要有青年才俊來家裡做客，他就讓女兒站在小窗前偷看，看上了就是他們家的女婿。不過李林甫叫來的這些小夥子，個個都有家庭背景，最少也會是新貴族，比如新科狀元，普通百姓絕不可能成為宰相家的女婿候選人。王寶釧與薛平貴的愛情就是個例子，什麼家底都沒有，還想和宰相家的千金談戀愛，相當困難。

說點不太好意思提的事

這點不太好意思提的事與性有關。

唐朝對「性」是個相對比較開放的時代，中國直到改革開放以後，才逐漸不再被人們看作是生活作風問題的婚前性行為和婚外戀情，這些在唐朝根本就不算什麼。

大家一定聽過《西廂記》的崔鶯鶯。

她是唐代大詩人元稹的小說《鶯鶯傳》的人物，不是所有人都知道元稹，但提起這句「曾經滄海難為水，除卻巫山不是雲」，那可就幾乎是無人不知了。這首詩是元稹寫給老婆韋從的，怎麼聽都是一片情深似海的樣子，誰讀了會不說他是個多情郎呢？

實際上，元稹還真不怎麼厚道。不信聽我聊一聊。《鶯鶯傳》是元稹的原創，幾乎是部自傳體小說，後來被元朝的王實甫改成《西廂記》，但情節大變。元稹小說裡的崔鶯鶯後來沒有和張生花好月圓，而是被始亂終棄，只好另嫁他人。而張生看上了京城丞相家的女兒，跑去攀高枝了。

張生的人物原型就是元稹，小說中「鶯鶯」的原型是他要韋從之前的戀人。拋卻這段感情後，還利用這段感情在文學之路上賺足人氣，留下這部經典的《鶯鶯傳》。

重點不是元稹，今天要聊他塑造的崔鶯鶯。從元稹的小說直到王實甫的戲劇，這個多情的女子經過了將近一千年的時間後，雖然結局從不幸被拋棄變成有情人終成眷屬，但她在愛情之初主動向張生投懷送抱的情節，卻始終沒有改變過，這位千金抱著她的小枕頭，在丫鬟紅娘的攙扶下，大大方方地上了張生的床。

說到這裡，好多人會不信，古代的女人多保守，萬喜良不小心看見孟姜的一隻手腕，孟姜就非他不嫁了，這是多麼嚴格的封建禮教啊！崔鶯鶯為什麼能大大方方地和張生未婚同居呢？

那是因為在唐代，女人的貞潔觀念其實非常淡薄。

「貞潔」二字是孔孟之道強加給女人，尤其到了宋明理學後，更是大行其道。但大唐的女人受「胡風」影響，貞潔看得沒那麼重，社會也從不要求她們持有貞潔觀。不信看看唐朝的皇帝們，李治娶了老爸的女人，李隆基娶了兒子的媳婦，一個個都愛得死去活來，壓根兒沒有想過她從前屬於另一個男人。

所以，崔鶯鶯趁著夜深人靜，由紅娘陪伴到了張生的小屋，這個情節被寫進元稹的小說裡能得到社會的認可，說明這點事在唐朝根本不算什麼。

大唐男人沒有「處女情節」，不僅像鶯鶯這樣的婚前性行為非常普遍，即便是婚內出軌，往往也是睜一隻眼、閉一隻眼，夫妻倆似乎心照不宣，各玩各的，誰也不太干涉誰。

武則天的兒子李顯，大家都知道是個倒楣的兒子，沒當幾天皇帝就被老媽收走皇權，趕到房州去了。李顯和老婆韋氏在房州過的日子和普通老百姓沒什麼區別，韋氏天天發脾氣抱怨，天天作著有朝一日重回皇宮的美夢。李顯也想回長安，從小在皇宮裡長大的人，怎麼可能甘願住在房州這種地方。於是李顯對韋氏說：「一朝見天日，誓不相禁忌。」意思是，有朝一日要是真的過上好日子，我們誰都不要管誰，可以使勁地玩。

這話後來真的應驗了，李顯回到長安當皇帝，韋氏榮升皇后寶座。韋氏找情人，李顯裝作看不見。

還有更絕的，唐朝第一美女楊玉環有個兄弟楊國忠，家裡的姊妹一得勢，他從此成為人上人。有一次，楊國忠到江浙出差，江浙是什麼地方啊?!風景如畫，美女如雲，楊國忠便多玩了一段時間。這一玩可不得了，他們家後院出事了。什麼事呢？老婆懷孕了，孩子是誰的？不用管是誰的，反正不是楊國忠的。

等楊國忠從江浙歸來，一看老婆的肚子怎麼大了？楊夫人手不抖，心不慌，反倒深情款款，滿面淚痕，拉著楊國忠的手說：「我想你想到簡直不行了，天天晚上作夢夢見你。不光夢見你，還夢見和你共赴雲雨。然後，就懷上了。」

這樣的鬼話，楊國忠真的信嗎？他又不傻，只是懶得管這件事。要真把那頂綠帽子大張旗鼓地找出來，面子也不好看啊！既然是夢裡懷的，那就夢裡懷的吧！反正妳和別人製造孩子時，我在外面也沒有休息過嘛！

唐朝的婚姻制度雖然提倡一夫一妻制，但其實婚外情屢見不鮮。大唐的風氣之所以能夠容忍這樣的現象發生，和唐代開國之君帶來的胡人血統有關，因此整個大唐的中前期，大家就是這麼亂，連皇帝老兒也沒辦法管。

親愛的，我們結婚吧！

無論古代還是現代，結婚總是一生中非常重要的一件事。不知道出於什麼原因，總覺得現代人結婚似乎愈來愈難，身邊一堆三十好幾的大姑娘、小夥子都還單身。有的說老婆不好找，有的說沒錢養家，還有的說結婚做什麼，一個人過得不是也很好？

聽了這些話，我就有點著急了。這些話就只能在現代說，要是往回倒個千百年，活在大唐，那你可能就犯了抗旨不遵的大罪。

真的不是嚇你，關於勸告市民朋友們早點結婚、生孩子的事情，大唐的皇帝可是下過詔書的。〈令有司勸勉庶人婚聘及時詔〉說得清清楚楚：「男年二十，女年十五以上，及妻喪達制之後，孀居服紀已除，並須申以媒媾，命其好合……」意思是說，男子年齡二十歲、女子年齡十五歲以上，以及死了配偶、服喪期滿的，就要趕緊替他們做媒，讓他們結婚、生孩子……看到沒有，連皇上都為這些剩男剩女操碎了心。

你剛好生在現在，如果生在大唐，二、三十歲的大姑娘、小夥子還不找對象，連你的父母官都會跟著遭殃，因為〈令有司勸勉庶人婚聘及時詔〉還說：「刺史縣令以下官人，若能使婚姻及時，鰥寡數少，戶口增多，以進考第。如其勸導乖方，失於配偶，准戶減少，以附殿失。」這又是什麼意思呢？如果你到了歲數不結婚，就會直接影響你們當地父母官的仕途。他們如果能讓你們都早早結婚生子，就能升官，反之可能就要挨板子了。

這下是不是覺得結不結婚、生不生孩子，再也不是自己一個人的事情？準備好了嗎？趕緊找個對象吧！

婚前幾件事，一樣也不能少

找另一半是件大事，雖說有皇帝老兒和地方官催促，但也不能太著急，該走的程序，該辦的手續，一樣都不能少。

首先，第一步，得先有個對象呀！

是的，現在你看上了鄰村東街王大媽隔壁二樓東戶李嬸家的四姑娘。請問一下，你們是自由戀愛，還是別人介紹？

不重要。

無論是自由戀愛，還是別人介紹，既然到了談婚論嫁的這一步，一切都必須照規矩來做。這個時候，婚姻當中最重要的一個人應該出現了，他就是媒人。

不管你和未來的老婆是如何走到今天這一步，既然要談婚論嫁，彩禮、婚期之類的你來我往，不是單憑你們的愛情就可以解決。必須有個中間人傳話，省得兩家人面對面，有些話不好意思開口。

所以，媒人就這樣登場了。

媒人必須由男方家裡找，務必精於此道，最好有豐富的媒介經驗、無數成功案例才好。你們家準備好四樣禮，媒人把自己打扮得端正整齊，先到女孩家提親。女孩家如果答應了，事情就完成了；如果女孩家不同意，那就完了，不管你們多相愛，事情也就告吹了。這是第一步，叫「納采」。

納采如果順利，你們就要對八字，讓媒人幫你們家看看姑娘長什麼樣，身體健不健康，家裡的人都如何，同時也必須把你們家的情況一五一十交待清楚，這叫「問名」。

兩家情況都知道得差不多，八字也看過了，一切都沒有問題，你們家可就要辛苦了。首先把祖宗牌位請出來，告訴祖宗你要娶媳婦啦！然後通知女方，說這件事算是訂下了。這個環節相當於現在說的訂婚，那時叫「納吉」。走完納吉程序，你們兩人的婚事基本上算是確定了，不可以輕易反悔。

既然婚已經訂了，該到送聘禮的環節，在當時叫「納徵」。這個環節非常重要，我們可得好好聊一聊。

納徵真正的含義是婚事已經定了，男方要正式派個使者到女方家，一方面把聘財（聘禮）送到，另一方面，就是把婚書送過去。

先來說聘財。

前面說過，唐代官宦家的孩子結婚，財禮可是大手筆，好多人靠這個手段斂財，形成非常敗壞的風氣。逼得政府不得不下一道規定彩禮數額的命令，如三品以上的家庭，彩禮不得超過三百匹；四、五品不得超過二百匹；六、七品不得超過一百匹；八品以下不得超過五十匹等。不過政策雖然這麼規定，但執行起來往往又是另外一回事。現在也常號召要遏止不良婚俗，但有些地方的彩禮還是論斤稱幣，自古有之的陋習讓皇帝頭疼。

除了彩禮以外，納徵還帶來一樣東西——婚書。

唐朝沒有戶政事務所，沒有人替即將走入婚姻殿堂的年輕人辦理登記。但唐朝的婚姻同樣非常神聖，凡是下了聘禮、定了婚書的婚姻，都受到法律保護。所以唐朝的「婚書」就相當於現在的「結婚書約」，來看看當時的文案：

（某）自第幾男（或第〔弟〕或侄，任言之），年已成立，未有婚媾。承賢第某女（或妹、侄女），令淑有聞，四德兼備，願結高援。謹同媒人某氏，敢以禮請，若不遺，佇聽嘉命。某白。

這就是唐朝婚書的格式，意思是說我們家第幾個孩子，現在已經成年，但還沒有婚配，聽說你們家有個非常好的女孩，想和你們家結為親家，願不願意，等您回覆。

婚書寫好後，恭恭敬敬地放在一個小木函，和彩禮一起送到未來媳婦的家。一旦接了婚書，婚事就算跑不掉了。法律上叫「許嫁女已報婚書」，然後他們也要回一封〈答婚書〉：

（某）自第幾某女（或妹、或侄女，任言之），年尚初笄，未閑禮則，承賢第某男（或弟、或侄），未有伉儷，願存姻好，願托高援，謹回姻媒入某氏，敢不敬從。某白。

意思是，我們家的女兒也到了該完婚的年紀，還沒有婚配，聽說你家孩子不錯，我請媒人回話，我們家同意這門親事。這件事就確定了。

納徵的程序完成後，就要請人占卜吉日、準備完婚了。不過，定婚期之前，最好先到女方家徵求對方的意見。但多數情況下，女方不會做主，日子還是由男方決定，定好後再通知女方。用大紅紙寫上迎親的日子，再到女方家，這叫「請期」。

上面五個程序全部完成後，趕緊回家準備好接媳婦吧！成親的日子一到，就等著歡天喜地「親迎」吧！「親迎」是最後一個環節，這一天，你就要當新郎啦！

不過，不要以為在唐朝當新郎官是很簡單的事情。雖然誰都知道洞房花燭夜是人生一大喜事，但這喜來得有多不容易，怕是沒當過新郎的還真沒辦法體會。什麼叫又痛又樂？在大唐當一次新郎就知道了。

新郎，真不好當

天剛濛濛亮，太陽還沒露出紅紅的大臉盤，你就必須起床，找人拿來新郎官的禮服——去接媳婦嘍！

等一下，你未免太耐不住性子了。在大唐，接媳婦可不是一大早，再急也要等到太陽偏西了再說，因為古代接媳婦都是黃昏以後的事。中國最早的百科全書《釋名》說得很清楚：「婚，昏時成禮也。」大唐的《開元禮》也說：「親迎在初昏之時。」規矩怎麼來的呢？據說很早的時候，男人的老婆都是從別的部落搶來的，既然是搶人，總不能在光天化日之下吧?!天色將昏才好下手，因此，這個風氣一直延續下來。今天，南方還有很多地方仍然是傍晚才接新娘子。

好不容易在家裡等到太陽即將偏西，別急著出門，娶老婆這麼大的事，一定要告訴祖宗們一聲。所以先把他們的牌位請出來，敬告：「孩兒今天要娶老婆了。」

得到祖宗們的默許，再聽老爹的話：「往迎爾相，承我宗事，勖帥以敬，先妣之嗣，若則有常。」意思是趕快去迎接你的賢內助吧！回來繼承我們的祖宗家業，要教導她謹守婦道，學習婆婆、奶奶們的優良傳統，千萬不可以懈怠呀！

這時，你要恭恭敬敬地站在老爹面前行禮說：「不敢忘命。」然後才能騎馬戴花，領著迎親隊伍，到老岳父家接媳婦啦！

老岳父非常講禮數，站在他們家門口對你禮讓三先：「請，再請，還請。」

你一定要沉穩一點，不要人家一請，你就急急忙忙地朝家裡衝，就顯得太猴急了。他請，你辭，要推讓一番：「您請，岳父請。」然後再按捺著撲通撲通亂跳的小心臟，趕緊進到裡面見你的心上人。

但也別太著急，要見新娘子，總得先拜拜人家家裡的老祖宗吧！

還有一件事，你看我都忘了提醒你。接新娘子時，千萬別忘記帶一隻雁。大唐人很在意這個，因為大雁稀缺難得，又純潔忠貞，可用來象徵愛情。所以大唐人民結婚，帶一隻大雁當禮物絕對不可少，當時叫「奠雁」。

奠雁儀式在拜完祖宗之後，此時新娘子正坐在屏障後頭等著你呢！但是，你這個時候還見不到她，只能隔著屏障把雁丟過去。不過不用擔心，她不會殺了大雁，等你們完婚後，一定會放生，畢竟是愛情的象徵嘛！如果實在找不到大雁的話，那就帶隻白鵝吧！只要媳婦家那些嫂嫂、姊妹們好說話，鵝也可以充當大雁。

但往往這些嫂嫂、姊妹們最難纏，還沒見到新娘子以前，估計會先被她們折騰得非常慘。她們每個人的手上都拿著竹棍，不是我要嚇你，那是專門為你準備的。你今天要從人家家裡娶走女兒，她們當然捨不得，怎麼說也要對你下馬威，告訴你娶回去以後，不許欺負她們的寶貝兒。這些竹棍劈頭蓋臉地砸過來，心軟地做做樣子，但也有真打。大唐娶親史上，被砸暈的新郎絕不是個案，鬧出人命的也不在少數。更有甚者，有一家姑娘要出門，女婿高高興興地迎親，卻被這些嫂嫂、姊妹們抬起來關在櫃子，任憑新郎怎麼喊，外面的人只顧著狂歡。本來是想對女婿開個玩笑，結果卻把他悶死在櫃子。這個環節在當時叫「下婿」，我看實在應該改稱「嚇女婿」。

如果你有幸平安無事地過了下婿這一關，新娘就會款款向你走來。不過大多數的新娘子，這個時候都變成慢郎中，磨磨蹭蹭地就是不肯出來。這又得費些心思了，總得說些能打動新娘子的話，好讓她馬上決定離開娘家跟你走，這個環節叫「催妝」。但你千萬別以為說幾句「我愛妳」或唱兩句「死了都要愛」，就能把媳婦娶回家。在唐朝，到了這個環節，你要是不來上幾句詩，新娘還真的未必會高高興興地跟你走。

唐朝人喜歡作詩，就連催妝都有詩，「催鋪百子帳，待障七香車。借問妝成未，東方欲曉霞。」「昔年將去玉京游，第一仙人許狀頭。今日幸為秦晉會，早教鸞鳳下妝樓。」都是當時非常有名的催妝詩。沒有兩下子，就趕緊惡補《唐詩三百首》吧！別到了新娘子的家門口才臨時抱佛腳，等到花兒都謝了。

雖說催妝詩能把新娘子千呼萬喚地催出來，但娘家還是捨不得新娘子走，攔在轎子跟前，惜別的話怎麼說都說不完，養了十幾年的姑娘，這一去就成為別人家的媳婦，娘家人捨不得也是可以理解的，所以就有了婚禮上的最後一場儀式「障車」，其實就是還要再難為一下新郎官的意思。

只是唐朝的障車後來卻演變為一種惡俗，甚至成為鄉間無賴與地方官參與的敲詐、勒索，更有甚者，不僅索要錢財，還搶走新娘，這就有點要不得了。很多官員便向朝廷建議一定要努力整治婚俗，不過似乎整個大唐時期，障車的習俗都沒有太大的改觀。所以要在唐朝娶個媳婦，不僅要挨得了打，作得了詩，有時候簡直還要能冒得起險，捨得了財。你說，在大唐結個婚為什麼這麼不容易呢？

你是我的新娘

新郎官先別叫苦，你以為結婚這件事，辛苦的就你一個人嗎？新娘子其實不會比你好受多少呢！

新娘是從你們家下聘禮的那一天起，就開始又歡喜、又難過地期待啦！歡喜自然不用說，就要和你在一起了嘛；難過也可以理解，要離開生長十幾年的家，離開養育自己的父母到你家過日子，心裡肯定既捨不得又害怕。

但無論歡喜也好，難過也罷，這一天總算到了。迎親的隊伍還沒到達前，和你一樣，她也要敬告祖宗，告訴他們：「我今天要出嫁啦！」

聽到外面鑼鼓喧天，知道你來了，見了她的父母，拜了她們家的祖宗牌位，又接了你丟進來的大雁，既心疼又好笑地聽姊妹們對你的戲弄，終於，聽到你念催妝詩了。姑娘羞答答地起身朝你走來——這個時候，你千萬別急著上前就來個公主抱，人家爸媽還沒有說話呢！

姑娘拜別爸媽，她的爸媽當然有幾句話要交待：「戒之敬之，夙夜毋違命。」她爹爹說了，到了你們家要聽公婆的話，不可以違抗；「勉之敬之，夙夜無違宮事。」她媽媽也說了，到了你們家要勤勉持家，別讓公婆不高興。

一邊說著，姑娘的爸媽就把一塊大方巾帕子蓋在她的頭上。注意，我要說重點了。唐代媳婦頭上的這頂帕子名叫「蔽膝」，這不是電視劇看到新娘頭上的紅蓋頭。主要作用是用來遮擋灰塵，不一定要蓋住新娘的臉。大唐的女人相對自由解放，她們不會遮遮掩掩地出門，有時新郎官可能在娘家就能看到新娘的長相。《太平廣記》記錄了一段故事，一個姓盧的新郎在成親這天，歡歡喜喜地到老岳父家接新娘子，結果一到，新郎官二話不說拔腿就跑，任憑後面的人怎麼叫都不回頭。跑回家後，他們家人都覺得奇怪，娶媳婦怎麼自己一個人跑回來了？

他一面搖頭一面說：「媳婦長得太難看啦！」

可見唐朝時，新郎官有可能在娘家看到新娘子的長相。

好了，故事講完了。無論你是看見或沒看見新娘子的長相，她都要跟著你回家了。你們家在新娘還沒進門前，早就做好了非常重要的幾件事，一是以「粟三升填臼」，二是「席一枚以覆井」，再來是「枲三斤以塞窗」，最後還要「箭三支置戶上」，這些都是當時的習俗，據說可以辟邪祈福。

除了這些以外，最需要準備的其實是幾面氈席。新娘到家門口了，按規矩，她的腳今天不能沾地，所以這幾面氈席就不能少。當然我知道氈席可能不好找，沒關係，兩面就夠用啦！走完了這面，趕緊再接著下一面，這樣一路轉移接鋪叫「轉席」，新娘是不會介意的。

氈席一直鋪到你們舉行婚禮的「禮堂」，禮堂是現代名詞，唐朝時，舉行婚禮的地方叫「青廬」。青廬是臨時搭建的，有點像今天尖頂的圓亭子，覆著青布，可張可合。現在中國有些農村辦喜事，常看見婚慶公司在村口搭一個青黑色帳子，大概就是這種婚俗的延續。

婚禮的儀式莊重而充滿喜氣，行過交拜禮，你們就是夫妻啦！怎麼了？你們倆拜一拜就算禮成了嗎？是的，唐朝人的眼裡，「拜堂」就是你們兩人的事，沒有什麼一拜天地、二拜高堂的說法。

雖然拜堂這個環節看似簡單，但其實這時的新娘不怎麼好受。周圍全是你們家的親戚，他們可是卯足全力，要幫你在新娘子家「下婿」時受的委屈「報仇」呢！你看家裡那些親戚，不僅對新娘子品頭論足，更有甚者還找方法戲弄她，這叫「弄新娘」。你千萬別護著新娘子，愈是護，他們鬧得愈凶。不只言語，據說最厲害的還有把新娘倒掛起來，當然你不用太緊張，這是非常極端的例子，相信你的親戚們不會這樣對待新娘。

你最嚮往的大概就是趕緊入洞房了吧！春宵一刻值千金嘛！完全可以理解。但是別著急，拜堂完後的節目還很多呢！那些七大姑、八大姨們正在洞房的婚床上忙著，他們把事先準備好的果子、零錢，扔得滿床滿地都是。你再看那些來湊熱鬧的，全都一窩蜂地搶，哪管新郎急不急著要洞房。但你千萬不能發火，這是婚禮儀式中的重要環節「撒帳」，是替你討吉祥呢！

唐代撒帳特別講究，一邊撒一邊還要念念有詞：「今夜吉辰，某女與某男結親。伏願成納之後，千秋萬歲，保守吉昌。五男二女，奴婢成行。男願總為公卿，女郎盡聘公王。從茲祝願，已後夫妻，壽命延長。」意思是祝福夫妻今後的日子順順利利，多子多福，男孩子都仕途平坦，女孩子都嫁個好女婿，總之都是祝福的話。再看那些撒帳的錢，上面全都刻了字，要嘛「夫妻偕老」，要嘛「金玉滿堂」，要嘛「早生貴子」，要嘛「壽比南山」，也是滿滿的祝福。所以你一定要耐著性子讓他們盡情地撒，盡情地鬧，等撒帳鬧完了——別著急，還有一個最浪漫的節目等著你們呢！

有人端著托盤進來，注意，這個托盤在這裡有個名字叫「同牢盤」。有點古漢語常識的人都知道，「牢」在過去是指「祭祀用的牲畜」，或者祭獻給祖宗，或者宴席上享用。不過等你結婚時，這個同牢盤裡未必真的能托隻牛或羊，但至少是一頓飯，要你和新娘一起吃，表示兩個人從現在開始就要同吃一鍋飯，同住一間房，一起過日子啦！

緊接著有個小孩又托著一個小盤進來了，盤裡托著兩片被劈開的葫蘆，用一條紅色的錦緞繫著，裡面裝著酒。聽到有人對小孩說：「一盞奉上女婿，一盞奉上新婦。」其實就是你們的交杯酒。

交杯酒為什麼交的是葫蘆而不是杯子呢？裡面有故事，早年周公定婚俗禮制時，前面提到的六禮很好理解，可以一項一項地示範給大家看，怎麼納采，怎麼問名，怎麼納吉，怎麼送聘，怎麼請期，怎麼親迎，六禮全都示範完了，到了最後一項，兩個人怎麼行夫妻之禮呢？這可把周公難倒了。他想找老婆一起向大家演示，他老婆當然不同意。於是，周公想了個辦法，把葫蘆一分為二，一片代表男，一片代表女，一上一下地合在一起，就像男女合一，完成了夫妻之禮，所以葫蘆從此就有男女結合之意。

除此以外，交杯酒用葫蘆來喝更有一層深意在於葫蘆發苦，酒入其中自然也就帶了苦味，夫妻共飲，是說兩個人從此以後要同甘共苦的意思，這個環節叫「合巹」。

喝了合巹酒，新娘就真是你的了。姑娘心甘情願，剪下一縷頭髮交給你，你一定要配合，趕緊也剪下一縷，兩縷頭髮綰在一起，這叫「合髻」。詩裡說：「儂既剪雲鬟，郎亦分絲髮；

覓向無人處，綰作同心結。」多麼浪漫的表白啊！

同心結一結，離你心心念念想著的好事只有一步之遙啦——但新娘卻一直羞答答，老是用扇子捂著臉。又到了你發揮文采的時候，趕緊作首「卻扇詩」，讓她丟掉扇子，大大方方地露臉，就能成全你們今晚的好事了。

卻扇詩是新娘考驗你文采的最後一道題，沒有辦法，誰叫你回到了大唐，那個時代就是這樣，在他們的生活中幾乎無處不成詩。你要是磨磨蹭蹭作不出來，那些擠在你洞房裡的人可是不會走的，新娘臉上的扇子也不會挪開，那你今晚的好事只怕到明早雞叫也辦不成啦！如果實在作不出來，我教你一首：

莫將畫扇出帷來，遮掩春山滯上才；

若道團圓是明月，此中須放桂花開。

怎麼樣，新娘子的笑臉露出來了吧？還不趕緊吹蠟燭，放帳簾——小心，牆邊可能有人偷聽呢！

當愛已成往事

有一句話說「婚姻是愛情的墳墓」，此話非常流行，被很多人用來當作只談戀愛、不結婚的理由——一旦步入婚姻，愛情就死亡了。

這話其實沒有道理，愛情的死亡與否和婚姻本身沒有直接關係，不記得在哪本書看過，說最原始的愛情是個生理反應，純粹到只在怦然心動的那一下，源自一種叫苯基乙胺的激素。按照書上的理論，當一個人出現在你身邊時，他（她）的某種特徵，比如容貌或身體上的氣味，或者說的哪一句話突然刺激了你的大腦，讓它分泌出這種激素，能讓你感到極度興奮，甚至達到癲狂的狀態，這種狀態就是英文所說的「fall in love」，當然，他（她）同樣「fall in love too」。

之後你們就戀愛了。

然而，縱然你們不結婚，只要天天在一起，你的大腦就會對他（她）習以為常，再也分泌不出苯基乙胺，這個時候你們在一起時就不會有怦然心動的感覺，兩個人牽著手無異於左手牽右手，就是有人說的那種把愛情過成了親情的關係。

這是一種正常的生理反應，與人品道德沒有太大關係，所以，現代社會常看到有人出軌，而在古代，男人只要有點能力就想娶個妾。

想討小老婆，先過我這一關

妾，就是俗稱的小老婆。中國古代長達幾千年的婚姻制度，妾一直都是極具悲劇色彩的角色。尤其是唐代，小老婆的日子可沒有那麼好過。眾所周知，大唐是一個盛產悍婦的時代，很少有哪個女人能夠容忍與另一個女人分享她們的婚姻。雖然前面講過婚外情的事情屢見不鮮，但想要娶回家，門兒都沒有。

整個大唐史，魚玄機應該算得上是才貌雙全的大美女吧！除了正到不行外，十來歲就詩詞歌賦無所不通。她和李億算一見鍾情，兩人都以為獲得天底下最偉大的愛情。誰知道，李億家裡有老婆，這下魚玄機就尷尬了。

雖然大唐的風氣比較開放，但在婚姻制度方面，還是明文規定一夫一妻制，就是不管你怎麼花天酒地，老婆只能娶一個。要是想再娶一個，就是犯了重婚罪，等著你的就是牢獄之災。

但是，中國的男權社會早就為這些不斷分泌苯基乙胺的男人們想好辦法。一夫一妻就一夫一妻，沒有問題，我保證這輩子只娶一個妻子，但妾卻可以多納，只要有本事，想納多少就納多少，法律可管不著。

雖說妻和妾感覺上都是男人的老婆，但實際上地位卻天差地別，不然怎麼有大老婆和小老婆之分呢？前面說了，要費那麼大的周折才能把妻娶回家，這叫「明媒正娶」。但納妾的程序非常簡單，有時是買來的，有時是別人送來的，甚至還有搶來的。進入家庭後，她們也沒有什麼地位，人家說不要就不要了，有時還可能被轉手賣掉，或者像魚玄機那樣，大老婆容不下妳，就把妳送到道觀當道姑。

唐朝有一條法律：「以妾及客女為妻，以婢為妾者，徒一年半。」什麼意思呢？就是妾永遠都是妾，千萬別想著有一天會轉正，法律不允許。有一姓李的哥兒們偏不信邪，扶了小妾衛氏做正室，結果被搞得滿城風雨；還有大詩人王維的弟弟王縉，老婆李氏本來是韋濟的老婆，韋濟死後和王縉私奔，沒有三媒六聘，李氏只能當妾，結果王縉卻愛到不行。李氏死後，王縉以「妻」的待遇在家裡大動干戈為李氏祈福，後來簡直成為王縉留在史書上的汙點。

可見在唐朝，無論妾再怎麼好，都不可能與妻同日而語。尤其是在大老婆面前，真是進門就先矮三分。無論男人有多愛這個妾，大老婆若不容妾，有時候男人也沒有辦法。前面說過唐朝女人大部分都是「女漢子」，性格裡少有溫順的一面，看見丈夫領了個年輕美貌的女人回來，想要她們委曲求全地與老二、甚至老三相安無事，基本上就是大唐男人的夢。

這種妻子在大唐比比皆是，她們為了維護自己在婚姻中的地位，真的是敢以命相拚。據說當年唐太宗為了籠絡人心，曾送過房玄齡一個小妾，這下可捅婁子了，房夫人非但不讓房玄齡靠近這個妾，還把這個可憐的姑娘折磨到頭髮都快要掉光了。

皇帝一聽，怎麼會有這麼剽悍的婦人，真是比後宮的那些姑娘還厲害。老房你過來，讓我教你兩招。

於是，皇帝就和房玄齡演雙簧，他派人送一壺酒給房夫人，說：「妳家老房呢，也是個人物，按說早就該妻妾成群了，妳有什麼好妒忌的。現在擺在妳面前的只有兩條路，要嘛收起妒忌心，和老房的小老婆和平共處，要嘛就喝下這壺酒，從此眼不見為淨。」

這話的意思說得再明白不過，要嘛嚥下這口氣，以後好好過日子，要嘛就只能領死——這可是壺毒酒。

這位房夫人壓根兒不吃這套，義正詞嚴地回了皇帝的話：「我和老房白手起家，好不容易有今天的日子，他倒想要娶小老婆了。我就是死，也不想睜著眼睛看見別的女人進了我苦心經營的家。」說完，一仰脖就把那壺毒酒喝了下去。

皇帝本來只是想嚇嚇她，沒想到這位房夫人性情這麼剛烈，皇帝只好回話：「老房，我看你這輩子就死了討小老婆的心吧！」

房夫人真的被皇上毒死了嗎？當然沒有，皇帝沒有真想讓她死，賜給她的不過是壺醋，所以你現在知道「吃醋」的由來了吧？

像房夫人和李億這樣愛吃醋的老婆，唐朝比任何朝代都多，簡直成為唐代婚姻裡的典型特徵，類似的故事也非常多。我再說一個比這二位還剽悍的，她是一個地方官的老婆，姓閻，老公姓阮，是個小縣令。阮閻氏把老公看得非常緊，整天三令五申路邊的野花不能採。有一天，這位阮縣令請人吃飯，席間，客人說只吃飯多無聊，不如叫個姑娘來唱小曲吧！

阮縣令雖然明知家裡有個河東獅吼，但客人的要求也不好回絕，便叫人去找了唱曲的歌伎。誰知道早有眼線報告縣令夫人，這下可不得了，夫人當時正在午休，頭髮來不及梳，衣服胡亂一穿，連鞋子都來不及穿好，到廚房拎了把菜刀就衝了出來，嚇得唱小曲的歌伎連哭帶叫地跑了。

故事講到這裡，是不是有一大批女同胞感到特別過癮，只恨自己沒有這個本事？千萬別這麼想，這都不是什麼好教材。這位姓閻的縣令夫人，從此就被列入黑名單啦！而她的老公也被害慘了，一個連老婆都管不好的人，還指望他管好一個縣嗎？年底考核不及格，烏紗帽也弄丟了。

整個大唐時代雖說悍婦成風，但不表示男性就毫無話語權，一個個全都成為「妻管嚴」。畢竟中國的封建社會還是男權社會，女性再厲害，社會的主動權還是掌握在男人手裡。比方說家庭關係，女人如果真的鬧得太厲害，男人忍無可忍，便要拿出他的看家法寶——休書。

是的，縱然是唐朝，男人一樣可以休妻。一個女人在婚姻生活裡，如果沒有孩子，或者生活作風不好，或者不孝敬公婆，或者愛搬弄是非，或者偷東西，或者得了不治之症，或者妒忌，男人都可以一紙休書把她休掉。

但現在說的畢竟是唐朝，有和其他朝代不一樣的地方。既然唐朝的女人自由奔放，社會也允許，那麼在婚姻方面她們就擁有其他朝代女人所無法想像的權利與尊嚴，比方說，女方如果覺得和這個男人實在無法過下去了，也可以提出離婚。

是不是聽著有點新鮮？但這是真的。

若不愛，請放手

離婚在現代人聽起來雖然稀鬆平常，但在古代可是天大的事，尤其對女人來說，簡直讓娘家無地自容。《孔雀東南飛》的劉蘭芝，那麼好的一個媳婦，被婆家趕回娘家後，在娘家活得「進退無顏儀」，覺得太丟臉了。但是，唐朝女人有時候可不管那麼多，因為法律規定「若夫妻不相安諧而和離者，不坐」，為她們提供了選擇離婚的可能。

唐代宗年間有一宗離婚案，男的叫楊志堅，是個窮書生，每天只知道念書寫字，家徒四壁，什麼都沒有。他的老婆跟著他過了幾年，看他不出去上班，也不做點小生意賺錢，家裡窮得發慌，只知道念書，日子實在沒辦法過了，就鬧著和他離婚。

楊書生是個講道理的人，既然妳的心不在我這裡了，我留妳的人也沒什麼意義，離就離吧！

要是在今天，他們就算是協議離婚了，在當時叫「和離」，照理說到了衙門就是走個過場，婚事就算結束了。

但當時接手這起離婚案的人是非常著名的大書法家顏真卿，是的，他的確做過官，接到這位楊書生老婆的離婚訴訟，氣從全身湧出，他不想助長這種拜金女嫌貧愛富的社會風氣，所以雖然是協議離婚，顏真卿還是決定要給她點教訓。

瞧瞧顏法官的判詞：

楊志堅素為儒學，遍覽九經，篇詠之間，風騷可摭。愚妻睹其未遇，遂有離心。王歡之廩既虛，豈遵黃卷，朱叟之妻必去，寧見錦衣。汙辱鄉閭，敗傷風俗，若無褒貶，僥倖者多，阿決二十後，任改嫁。楊志堅秀才，贈布帛各二十匹，米二十石，便署隨軍，仍令遠近知悉。

意思是說，楊志堅是個很有才華的人，將來一定有出頭之日，可惜他的老婆目光短淺。我看楊書生即使飯都吃不起，仍手不釋卷，而妻子卻不理解、支持他，將來哪還能看到他衣錦還鄉的一天？既然如此，離就離吧！但這樣的妻子要先杖責二十。至於楊秀才，給他些賞賜，再幫他找份工作吧！

這樁離婚案，楊公判得既尊重女性的離婚自主權，也弘揚了社會的正能量。據說此案一判，那一帶十年以內再沒有哪個女人敢棄夫離婚。由此可以證明，像楊書生老婆與老公離婚的現象，在唐朝絕不是新鮮事。

不過唐朝到底還是唐朝，就算是離婚書，寫得都非常有水準，不像現在，財產怎麼分，孩子的撫養權怎麼處理，一大堆事，大唐的離婚書裡從來不管這些俗事。就拿楊書生寫給老婆的離婚書來看：「平生志業在琴詩，頭上如今有二絲。漁父尚知溪谷暗，山妻不信出身遲。荊釵任意撩新鬢，明鏡從他別畫眉。此去便同行路客，相逢即是下山時。」

看見沒，都要分手了，還這麼詩情畫意。意思是我這輩子的確沒什麼本事，妳想要走就走，另外找個好男人嫁了吧！

除了楊書生的這首分手詩，敦煌莫高窟還藏著幾份「放妻書」，寫得也很有味道。所謂「放妻書」，其實就是離婚證書，有點類似現在的離婚協議書，但就內容上來看，言詞卻比今天的離婚協議書要美好得多。看看這封：

願娘子相離之後，重梳蟬鬢，美掃蛾眉，巧逞窈窕之姿，選聘高官之主，弄影庭前，美效琴瑟合韻之態。

聽聽這詞，寫得相當委婉浪漫，一點都不像要離婚，倒像是要替出嫁的妹妹寫祝福語，願妳打扮得漂漂亮亮，找一如意郎君，兩人和和美美地過日子。

這樣的離婚書在敦煌一共找到十二份，並不算多，但證明唐代離婚現象的存在。就連韓愈

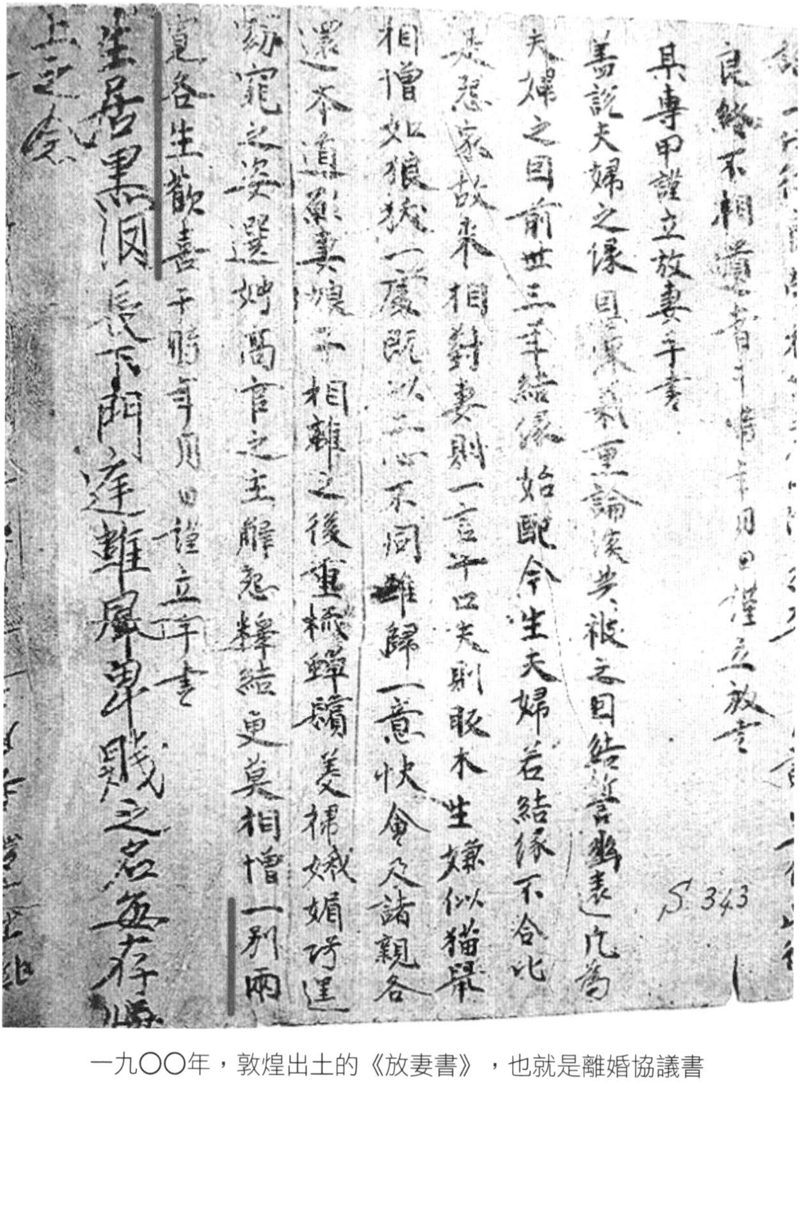

良緣不相遂者于時年月日謹立放書
具專甲謹立放妻手書
蓋說夫婦之緣恩深義重論談共被之因結誓幽遠凡為
夫婦之因前世三年結緣始配今生夫婦若結緣不合比
是怨家故來相對妻則一言十口夫則眼木生嫌似猫鼠
相憎如狼犬一處既以二心不同難歸一意快會及諸親各
還本道願妻娘子相離之後重梳蟬鬢美掃娥眉巧逞
窈窕之姿選娉高官之主解怨釋結更莫相憎一別兩
寬各生歡喜于時年月日謹立妻手書

一九〇〇年，敦煌出土的《放妻書》，也就是離婚協議書這種大儒之家，女兒的婚姻也是一波三折。韓愈先把女兒嫁給了一個叫李漢的人，但後來兩人因感情不和便離婚了，之後又嫁給一個叫樊仲懿的人。

這種現象的產生與大唐女性地位空前提升有著直接關係，大唐御姊級人物可謂層出不窮，從唐高宗的武氏開始，又有中宗的韋氏，後來有肅宗的張氏，這些女人在取得絕對政治權力的同時，也為大唐的女性爭奪絕對的社會地位。大唐女性不再是被貶低、奴役的角色，也不再是單純的生育工具，而是在婚姻裡享有空前自由的女性。因此在這種特殊時期，改嫁、再婚對她們而言，不是什麼新鮮事。

天要下雨，娘要嫁人，由她去吧！

說到改嫁與再婚，就想起家中的一位老姑奶奶了。

老姑奶奶如果活到現在大約一百多歲，過去也是風華正茂的大美女，結婚不到三個月，丈夫就死了。老姑奶奶頭上戴的紅花顏色還沒有褪去，就變成小寡婦。她哭著跑回來找爹爹，就是我們家的老祖宗。老祖宗說：「回去守著吧，那才是妳的日子。」

那時候不管妳幾歲，只要跨進夫家的門，丈夫活著，妳是夫家的人；丈夫死了，妳依然是夫家的人。哪怕是像我家老姑奶奶那樣剛進門的媳婦，丈夫死了，也只能守著丈夫的牌位過日子。

但在大唐不是這樣。

大唐的寡婦依然享有戀愛與再婚的自由，甚至大張旗鼓，有的再婚比初婚搞得還熱鬧，最著名的就是唐中宗閨女安樂公主的那場再婚婚禮，辦得簡直比皇上登基的場面還要浩大。

安樂公主的第一任丈夫叫武崇訓，大名鼎鼎的武三思親兒子。可是安樂公主嫁到武家後沒多久，武崇訓就死了。

很快，武崇訓的同族兄弟武延秀做了安樂公主的第二任丈夫。值得一提的是，武崇訓還沒死的時候，安樂公主與這位武延秀早就有一腿，這下更是如魚得水，難怪婚禮辦得這麼隆重。

據《新唐書》記載：「是日，假後車輅，自宮送至第，帝與后為御安福門臨觀，詔雍州長史竇懷貞為禮會使，弘文學士為儐，相王障車，捐賜金帛不貲。」

這是頭一天出嫁時的光景，場面夠大了；到了第二天，公主回門，直接上太極殿，「向天子拜，南面拜公卿，公卿皆伏地稽首。」有沒有看見，公主回個家，簡直驚動滿朝文武，的確是很有面子的二婚再嫁。

當然這是公主，皇帝家的閨女，不是所有人家的女兒再嫁都能有這種動靜，但的確從另一個角度反映出，寡婦在唐代改嫁真的不是什麼見不得人的事情。即使是普通百姓，只要寡婦願意，誰也攔不住她改嫁。

《酉陽雜俎》記錄一則故事，唐代有一個叫皓潛的人，一天晚上要坐船出行，到水邊時忽然聽到船上傳來女子的哭聲。走近才知道是一個年輕女人剛剛死了丈夫，現在無依無靠，身邊只有她的表哥。當晚這位表哥就到皓潛的船上，把這個年輕小寡婦許給皓潛。你看，就這麼簡單，連頭七都不用過，小寡婦就改嫁了。

據說後來清代的文人每每在書中讀到唐代寡婦再婚都會大罵有傷風化，但其實與傷不傷風化沒有什麼特別的關係。前面說了，唐人融入了濃厚的胡人血統，而胡人是什麼樣的民族？他們是在馬背上長大的游牧民族，進入大唐以前，他們的婚俗一直保有古老原始的形態，性生活也非常自由放縱。父親死後，庶母常常會成為庶子的女人；哥哥死後，弟弟理所當然成為嫂子的丈夫，這些都是非常正常的事情。因此，寡婦再嫁也極為尋常，與貞潔沒有什麼關係。還是那一句，「天要下雨，娘要嫁人，由她去吧！」只要她喜歡。

這些觀念一直延續到了大唐，沒有人在意女人在丈夫死後會不會守寡。更重要的原因之一是，國家也宣導讓寡婦改嫁。了解歷史的人都知道，隋、唐建立在混亂了許多年的南北朝之後，而隋朝短短的三、四十年時間，沒有完全恢復戰爭所帶來的創傷，反而還在傷口上灑了一把鹽。到了隋朝末期，戰亂影響讓人口大量減少，使唐朝皇帝統一江山後，想到的第一件事就是趕緊生孩子，繁衍人口。

所以，他們當時也講「計畫生育」，但是要往多的方向計畫。因此，只要到了婚配年紀的男女，不用管什麼條件，趕緊先結婚，而那些死了丈夫的寡婦們也別閒著，能嫁人就嫁人，嫁了人就趕緊生孩子。這對當時的地方官，更是一項政治任務。

居住篇

住在大唐是一種怎樣的體驗？

很久以前，我寫過一篇文章〈假如真的可以穿越〉。那是電視上穿越劇演最凶的時候，各種無厘頭的想像，各種稀奇古怪的故事輪番上映。於是我就腦洞大開，想像如果真的能穿越，那我一定要回到大唐。

我想回去後一定是神一般的人物，上知五百年，下曉一千年，把大唐的各路人馬哄得團團轉。穿越回去後，我開了一個館，名叫「預知堂」，專門靠幫人預卜未來來發家致富。我的預知堂開在山上，大概是為了貪小便宜，城裡的房價太高，實在買不起。所以，楊玉環的老爸為了找我替他的女兒算一卦，可是差點就走斷了腿——山路實在是太難走啦！

這篇文章寫得很早，至少是十年以前的事了。按時間來算，到今天預知堂應該也賺了不少錢，要不要考慮一下，在唐朝最繁華的長安城買間房子呢？

那可要好好關注一下唐朝的房產業了，有沒有興趣和我一起了解呢？

社區管理不錯，可以安心居住

真的從唐朝的大山回到城市，可就有點劉姥姥進大觀園，一雙眼睛根本不夠用。說到底是個國際化大都市，繁華得不得了。

熱鬧歸熱鬧，長安城的規劃倒是整整齊齊，一點都不亂，不像現代的城市，高架橋架得好像蜘蛛網，一不留神就會讓人迷路。唐朝的長安城，街道寬闊平整，很像棋盤，整個城被整整齊齊劃分成一百零八個「坊」。

什麼是「坊」呢？簡單說就是組成城市最基礎的單位。不僅長安，其他城市也一樣，像洛陽有一百零三坊，蘇州約六十坊。有種說法是，「坊」多用於街巷的名稱，其實不太準確。因為坊都有圍牆，好像今天的社區一樣，裡面有很多街巷縱橫。所以，從概念上講，「坊」遠比「街巷」大得多了。

因為有了圍牆，住在這種「社區」，治安倒是一流。每個「社區」只留東西南北四個門，還有巡邏小隊不停巡邏、把守，小偷想要溜進「社區」偷東西，基本上不太可能。

不過，安全倒是安全了，就是有一點，因為社區的「保安」太盡責，為了「社區」居民的安全起見，太陽下山前就把「社區」大門關上。所以晚上一定要早點回來，不然可能會惹上大麻煩。因為長安城有一項宵禁制度，就是晚上不許在街道上亂溜達，要是被巡邏隊遇上，會被當作壞人抓起來。

這樣說起來，要是喜歡過夜生活的人，住在長安城，晚上會不會悶死呢？大可不必擔心，雖然「社區」的門早早就關了，但不表示索然無味的夜晚就要來臨，恰恰相反，「社區」裡還是可以繼續夜生活的。

大家可能不知道，長安城買東西、逛市場有規定的地方，就是東西二市，但東西二市關門關得特別早，大概「社區」的大門還沒關，東西二市倒先早早收市了。那麼花好月圓的晚上，萬一睡不著怎麼辦呢？

沒有關係，唐朝「社區」裡的配套設施早就為你把這個問題解決了。知道你會在家裡悶得發慌，所以「社區」裡開的酒館、飯店和小商鋪，不至於讓你晚上餓肚子時，連想買個燒餅都沒地方，所以生活還是相當方便，夜晚不至於太寂寞。

還猶豫什麼呢？就在「社區」裡選間房子，過一過大唐城市居民的生活吧！

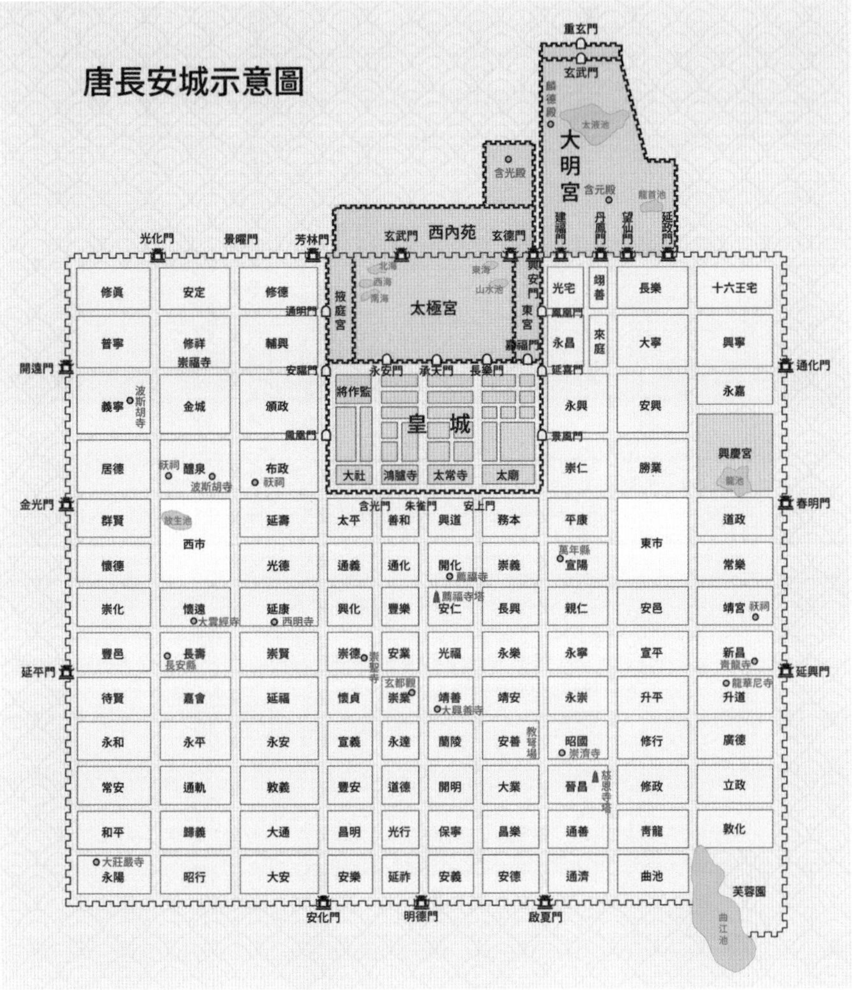
唐長安城示意圖
重玄門
玄武門
麟德殿
太液池
大明宮
含光殿
含元殿
龍首池
建福門
丹鳳門
望仙門
延政門
西內苑
玄武門
玄德門
光化門
景曜門
芳林門
北海
西海
南海
東海
山水池
太極宮
掖庭宮
興安門
東宮
通明門
鳳凰門
嘉福門
安福門
永安門
承天門
長樂門
延喜門
將作監
皇城
鳳凰門
景風門
大社
鴻臚寺
太常寺
太廟
含光門
朱雀門
安上門
開遠門
金光門
延平門
通化門
春明門
延興門
安化門
明德門
啟夏門
修眞
安定
修德
光宅
翊善
長樂
十六王宅
普寧
修祥
崇福寺
輔興
永昌
來庭
大寧
興寧
義寧
波斯胡寺
金城
頒政
永興
安興
永嘉
居德
祆祠
醴泉
波斯胡寺
布政
祆祠
崇仁
勝業
興慶宮
龍池
群賢
放生池
西市
延壽
太平
善和
興道
務本
平康
東市
道政
懷德
光德
通義
通化
開化
薦福寺
萬年縣
宣陽
常樂
崇化
懷遠
大雲經寺
延康
西明寺
興化
豐樂
薦福寺塔
安仁
長興
親仁
安邑
靖宮
祆祠
豐邑
長壽
長安縣
崇賢
崇德
崇聖寺
安業
光福
永樂
永寧
宣平
新昌
青龍寺
待賢
嘉會
延福
懷貞
玄都觀
崇業
靖善
大興善寺
靖安
永崇
升平
龍華尼寺
升道
永和
永平
永安
宣義
永達
蘭陵
安善
教弩場
昭國
崇濟寺
修行
廣德
常安
通軌
敦義
豐安
道德
開明
大業
晉昌
慈恩寺塔
修政
立政
和平
歸義
大通
昌明
光行
保寧
昌樂
通善
青龍
敦化
大莊嚴寺
永陽
昭行
大安
安樂
延祚
安義
安德
通濟
曲池
芙蓉園
曲江池

唐長安城坊示意圖

買間什麼樣的房子才適合你？

買什麼樣的房子呢？

當然必須先看你有多少錢對吧？身上只有不到二十萬，還想在北京二環以內買房子，縱然房子看起來再合適，不過是紙上談兵啊！

這指的是現在，如果回到唐朝買房子，錢固然是很重要的因素，但身分其實更重要。翻開法律看一看，《唐六典》有一條規定：「良口三人以下給一畝，三口加一畝；賤口五人給一畝，五口加一畝。」

唐朝均田制裡一條按人的等級分地的法律，想要了解這條法律說什麼，就要先搞清楚唐朝對「人」的劃分。

雖說都是人，但在唐朝卻有貴人、良人與賤人之分。所謂的貴人，自然是王朝的貴族官僚；良人，就是良口，這一階層的人雖然沒有貴族的身分高貴，但他們有房、有地、有家產，也擁有人身自由，就像現代社會中的你我他一樣，沒權沒勢，卻獨立自主；賤民就是賤口，相對於良民就要低一等了，他們基本上沒有什麼社會地位，而且連最基本的保障都沒有，有的是因為犯罪被充公，有的是隸屬於公家的一些低等工匠或樂工，也有一些是長期依附於私人地主的奴婢、隨從。

縱然你在唐朝有錢，法律也只允許購置與你身分相配的田地。比方說你們家是良口，每三口之家可以分一畝，如果再加三口，變成六口之家，那就再加一畝；賤口就不一樣了，每五人才能分一畝，要想再加一畝，就得再加五口人。

所以，唐朝是個很講階級身分的時代。不光置地，住房也一樣，你是什麼身分的人，就配擁有什麼樣的房子，都有嚴格的法律規定。比如：「三品以上堂舍，不得過五間九架，廳廈兩頭門屋，不得過五間五架；五品以上堂舍，不得過五間七架，廳廈兩頭門屋，不得過三間兩架；六品七品以下堂舍，不得過三間五架，門屋不得過一間兩架……」這些明確規定什麼身分的主人，可以擁有什麼規格的住房。不過話說回來，法律是死的，人卻是活的，黑箱操作的事情非常常見，古今中外，這條不變的定律人人都懂。正所謂有錢能使鬼推磨，在唐朝，如果你的錢真是找對了那個能推磨的鬼，不管你是哪個階層的人，估計想要間大房子也不是不可能。

等等，這些話說得有些不嚴謹，唐朝還沒有大房子的概念，那個時候不管是貴族官宦，還是普通百姓，他們的房子結構都是傳統的中軸式建築。什麼叫中軸式建築呢？一定要記住，這是中國最標準的建築風格，以一條中軸線為中心，左右對稱的建築就叫做中軸式建築風格，類似現在的四合院。

現在房屋仲介推薦給我的，就是這樣的一套中軸式建築。

進門一個大大的照壁，據說能辟邪，豎在門口大鬼小鬼都進不來了。

大門兩側有兩間房，仲介說：「如果有人到府上拜訪，可以在這裡稍作休息，或者您也可以讓他們在這裡過夜。」這一說我就懂了，就是傳說中的客房呀！不不不，唐朝時期這種位於大門兩側的屋子叫做客館或閘館，雖然實際上可能和客房差不多。

院子真是不小，綠樹成蔭，倒是十分幽靜。一座氣派十足的中式建築立於院中，紅磚綠瓦，飛簷鬥角，玲瓏有致，這是中堂。院子的兩邊也有對稱的建築，叫做廊屋，可以一直連接到中堂。仲介說：「如果府上要

敦煌壁畫中的唐代四合院

舉行重大活動，可以在中堂接待賓客，這裡夠寬敞。」他說得沒錯，這間中堂面積真的有夠寬敞，我住在山上快十年，都沒有見過這麼寬敞的屋子。我這麼一說，仲介就笑了，他說這才多大呀，好戲在後頭。果然，穿過中堂，後面有個小門，過了小門，後面又是和前面一樣的廊屋與中堂。仲介說這叫「進」，一個小院，就是一「進」房，他推薦給我的這個住宅，一進套著一進，外帶幾個跨院和一個後花園。

讓我想起《紅樓夢》的榮國府，我一個靠預知堂發家致富的小買賣人，怎麼可能買得起這麼大的房子？

仲介一聽，臉色立刻變了，心想原來是個小老百姓呀！立刻舉起公事包，拿出記事本，翻到最後一頁，指著上面的一行字說：「你看，你只能買這個啦！」

唐朝時期，小老百姓的房子按規定是「構屋四架，門一間兩架」，其實真正居住的房間不過三間，當然還會有小院、大門，帶著間門屋。聽起來也不錯，就是不知道面積有多大呢？

敦煌文獻記載的一戶馬姓人家可做參考，他們家共有五棟房，堂屋、東房、小東房、西房和廚房，和仲介推薦的這套大唐基礎戶型十分相近。從文書的紀錄可以看出這戶馬姓人家，總體房屋住宅面積是八五三・二八平方尺，換算為現在通用的單位，也就是八十多平方公尺；加上院子，東西長四三・四尺，南北長三九・六尺，算下來也有一七〇平方公尺左右的面積——

其實我已經很滿足了。

裝修裡面大有文章

買過房子的人都知道，買起來容易，只要有錢就能辦得到。但裝修實在是個費神又費力的工作，用什麼材料環保？家具怎麼設計才不占空間？採用什麼樣的風格更有品味……這些都是問題。但是，回了趟大唐才發現，比起現代人，唐朝人裝修房子更加麻煩，因為要是不懂點法律，搞不好就要惹上事端啦！

前面講買房子時說過，唐朝的法律對什麼樣的人擁有什麼規格的房子做了嚴格規定，到了裝修時，規定又來了，比如：「王公之居，不施重栱藻井。」

什麼是栱呢？就是現在看到紅磚綠瓦的傳統建築中，橫梁和立柱之間負責承重的那幾層木製的東西，主要作用是將屋簷承載的重量巧妙地傳遞到立柱上。如果你在唐朝蓋房子，對栱的設計一定要注意分寸，千萬別為了好看再多加一重，否則就會觸犯法律，因為只有王公以上的家才配得上用重栱。

還有藻井。

什麼是藻井？就是現在說的吊頂設計。傳統的中國建築吊頂十分花俏，一般都會做成一個圓形的隆起，然後裝飾各種顏色的雕刻、彩繪，色彩十分鮮豔，也非常壯觀。但是千萬別為了好看，在你家的房屋上也搞這些裝飾，那可就真的麻煩了——法律不允許。

> 庶人所造堂舍……仍不得輒施裝飾。

看到沒，在唐朝，如果你像我一樣，只是普通百姓，裝修房子這種事情，基本上可以省大錢了，因為壓根兒就不需要大動干戈裝潢，只有這樣，別人一到你家，不用翻看身分證，就知道你是什麼身分了。

但有錢、有勢的人可就不一樣了，別說是進到家裡看一看，站在大門外，立即就能知道這家人的身分和地位。

杜甫有句詩道：「朱門酒肉臭，路有凍死骨。」「朱門」指的就是唐朝那些有錢、有勢的人家。為什麼叫「朱門」呢？因為他們喜歡把大門塗成大紅色，看起來鮮亮醒目，然後配上金光閃閃的門環，門環上雕有霸氣的圖案，看起來非常氣派。

另外，他們的大門口，有時候會見到一排大紅色的柵欄，好像電視劇裡衙門口豎著的那些東西。但怎麼擺在私人住宅的大門外呢？原來在唐朝，除了衙門以外，地位極高的人家門口也擺這些。李商隱的一首詩說：「郎君官貴施行馬，東閣無因再得窺。」「行馬」指的就是紅柵欄。

除了行馬以外，有些家門外還放立戟。大家都知道，戟是一種兵器，立在權勢人家的家門口，也是非常講究，不是誰家想立就可以立。唐朝只有三品以上的官員家門口才有資格立戟，而且還要立很多，一品十六戟，二品十四戟，三品十二戟。有了朱門、行馬和立戟，這樣的家，站在大門口一望，就知道一定不是普通人家了。

但你最關心的一定還是客廳，畢竟客廳是最能體現主人品位與身分的地方，所以無論古今中外，裝修房子，客廳特別需要花費財力與心思。

唐朝的客廳多數時候叫做「堂」，不同的身分，「堂」的裝修也不一樣。蘇鶚有一篇非常著名的〈芸輝堂〉，裡面描寫了唐代宗時期宰相元載家裡的「豪華大客廳」，用一種叫芸輝的名貴香草刷牆，沉香做棟梁；門、窗戶全都飾以金銀；堂內有一件非常名貴的屏風，用的是會發光的懸黎美玉；垂的帳子是用鮫綃製成，傳說來自南海，雖然又輕又薄，但既保暖又擋風。而堂內的擺設更是精美昂貴，世所罕有，用蘇鶚的話來說：「擬於帝王之家。」就是和皇帝家沒有什麼分別。

當然這是有錢人家的客廳，不是我這樣的小老百姓能夠用得起的，一個小老百姓家的客廳是什麼樣子呢？想想前面舉的馬姓人家，他們家的客廳，也就是那間堂屋，總共才二四．三平方公尺。如果真的穿越回去，估計我家客廳的面積也就這樣了。千萬不要不服氣，想要大一點的客廳嗎？首先是坊上根本就不可能給你那麼大的住房面積；其次，要是想偷偷蓋大一點的堂屋，千萬別讓鄰居發現，小心他告你「違章建築」，搞不好還要坐牢。

除了客廳，你最關心的大概就

藻井

是廁所了，這也是裝修裡面最重要的一個環節。每個人每天早上睜開眼睛的頭等大事，基本上都是在這裡解決。

不過在唐朝，如果你對工人說家裡的廁所要如何裝修，他們肯定不知道你在說什麼，因為那時還沒有「廁所」這個說法，最好說「茅房」才行。

前面講唐朝人不願意吃豬肉時說過，唐朝鄉下的茅房都和豬圈連在一起，這個環節實在有點破壞我們的胃部活動，這裡就不多提了。但城市居民的茅房還是有些講究，至少不會和豬在一起。一般會選擇在院子最後面的一個角落，蓋一間四四方方的小房，但是沒有頂，更沒有門窗，就是四堵牆，裡面有個坑。去過偏遠農村的人，或許現在還能見到這種茅房，他們稱為「旱廁」。至於抽水馬桶就不要想了，連衛生紙都找不到，因為那時「手紙」實在是個奢侈品。唐朝人如何解決「善後」問題呢？你就必須多下功夫，準備一些竹片或木片，雖然想起來的確有些不舒服，但如果讓我備些紙在茅房，荷包實在有些承受不起，因為在大唐用紙擦屁股，簡直感覺太罪過了。

縱然是有錢人家，「善後」的大事也都是用竹片解決，但他們上廁所的那個坑，裝修得比較舒適，會有專門的坐器叫「廁床」。有一年，我大姨摔到骨折，不能上廁所，姨夫買了張椅子，像極了當時的「廁床」，中間鏤空，有四條腿支撐，人坐在上面，解決問題不會感覺到累，還挺舒服。

我說的這些都是一般人家裡的茅房，就算有點錢能裝修得舒服點，最多也不過是個富豪之家。至於那些既有錢又有權的上層貴族家的茅房，可就華麗多了。首先他們用得起手紙，而且擺得起香爐，不至於被那股味道熏到，甚至旁邊還有人準備好手紙、洗手的水盆、毛巾和衣服伺候著。這樣的場面，我們普通百姓也就只能想像了。

大唐人民終於「坐」起來啦！

做為一名資深的平民百姓，既然買不了大房子，裝修也不敢太講究，只能在家具下點功夫了，至少樣式也要夠新潮，看起來有品味、有質感。

唐朝的家具絕對是貨真價實的實木商品，而且純手工製作，沒有一件東西是管線作業生產出來的工業化製品，這一點可以放心。

那就先來一張大大的席夢思床吧！這段時間為了這間房子，可把我累壞了，腰都要斷了，趕緊讓我舒舒服服地躺在上面睡一覺吧！

等等，不好意思，我又有點時間錯亂了，我是在大唐，不是在二十一世紀。大唐哪來的席夢思床呢？那就對製作家具的師傅說，按照大唐最新潮的床鋪式樣，先幫我做一張吧！

這下子，做家具的師傅一定會傻眼。滿臉問號說：「您要的是一張什麼床？」

他們這一問，我立刻回過神來。網路上不是經常有人爭論李白那首「床前明月光，疑是地上霜；舉頭望明月，低頭思故鄉」，裡面的「床」到底是床，還是凳子？這的確是比較麻煩的問題，因為在唐朝，床實在是一件含義特別多的東西，不像現代人，單純是為了睡覺用的。

唐朝的床有很多種。

首先說睡覺的床，那是放在臥室裡的床，叫「寢床」，好像一間小屋子，三面圍籠，一面掛著簾子，簾子一落下，便是一個封閉空間。好處是不用管在裡面做什麼羞答答的事，外面的人都看不見，不過總覺得有些不透氣，尤其是夏天，在沒有空調的屋子裡睡這種床，會不會太熱呢？

還有一種床叫「坐床」，有很好的透氣性，四周沒有圍籠遮蓋，也沒有簾子擋著，卻在中間放個小几案。這張床一般不放在臥室，而是放在廳堂，想坐就坐，想睡就睡，想看書就看書，想吃飯就吃飯。唐詩說：「獨對一床書。」其實指的就是坐床。因為坐床既能坐著，也能躺著，很適合看書。尤其是像我這樣身上沒有幾根「硬骨頭」的人，那真是再好不過啦！書看累了就躺，躺累了坐起來再看。照這麼說，坐床是不是有點像今天的沙發？

但沙發可以隨便坐，而在唐朝，尤其是當官人的家裡，坐床可是非常講究的。一般情況下，都是身分最高的人坐在正中間，其他人都在旁邊陪著。如果到一個有錢、有權的人家裡，這家主人拉著你的手，讓你坐在坐床上，那你就偷笑吧，人家可是把你當座上賓了。

除了這兩種可坐、可躺的床以外，還有一種「胡床」。聽名字就知道，這種「床」不是大唐自產，而是胡人兄弟們帶來的。這是一種可以折疊、隨帶隨走的床。因為胡人以游牧民族居多，他們的生活習性是逐草而走，所以他們的床也是隨身攜帶。有沒有覺得聽起來非常熟悉？像不像小時候和大人在院子裡乘涼時坐的「馬扎」？你說得沒錯，還真有點像。

前面講唐朝人的宴席時，提過一種床，叫「繩床」，跟著佛教一起進入大唐，後來演變成高背坐椅。無論是胡床還是繩床，姿勢都和坐床不同，坐床是兩腿盤坐在上面，但胡床不一樣，胡床可以把兩隻腳垂下來，落在地上。據說唐玄宗坐在胡床上覺得特別自在，腿不累，身體還可以來回轉動，便替這種床取了個「逍遙座」的雅號。

但是，如果你問我李白到底是坐在哪種床上，看到了月光好像是地上的白霜呢？真遺憾，這次的穿越之行沒有遇到這位老兄，所以沒有辦法知道他到底是在哪個晚上，坐在什麼位置的一張什麼樣的唐代床上，看到了那樣的月光。

唐朝的床這麼多，我孤家寡人，實在不知道該選哪一種。倒是做家具的師傅提醒了我，他說做為一名想要躋身大唐時尚美女界的預知堂堂主，什麼胡床、繩床，還是坐床、寢床，都不是關鍵，一把「月牙凳」萬萬少不了。

月牙凳是大唐美女閨房裡的凳子，在唐朝還有個名字叫「杌子」，和高背椅的興起改變了唐朝人的生活習慣，至少，從此以後唐朝人再也不用「跪」著吃飯，他們終於可以舒舒服服地「坐」起來了。

大唐美女偏愛月牙凳，這是一種凳面好似月牙的凳子，可以充分解放雙腿，坐上去非常舒服。造型非常可愛，採用鏤空的木雕手藝，好像一件藝術品。只是，這些師傅全部都對我開玩笑，像這種剛剛時興的家具，都是有錢人家小姐們的配置，哪是我這種小老百姓享用得起的？

要不要來一張簡易的沙發？或者，竹籐椅也可以呀！不然晚上看電視的時候……天哪，我的時間又錯亂了。這可是在大唐啊！大唐哪有電視，還想要沙發、竹籐椅?!別作夢了。所以我在十年以前的那篇文章結尾就說過：「如果真的可以穿越時空，其實還有很多事情要做。但是仔細想想，又覺得那時的生活，畢竟還是沒有現代好。冬天太冷沒有暖氣，夏天太熱沒有空調。沒有手機，沒有電視，更重要的是真的生在那個時代，男人可以三妻四妾，也就是說，萬一我不幸成為被老公遺忘的大老婆，有可能終其一生都要獨守空房，或者有可能成為倍受寵愛的小老婆，我又必須在大老婆跟前小心翼翼，搞不好還要磕頭下跪或受家法，那多受罪啊！這樣看來，還是不要回去好了。」

我十年以前這麼想，十年後，我依然還是覺得現在的生活比較好。看吧，電話響了，外送的小哥到樓下了。如果真的回到大唐，能打電話叫外送嗎？

房子不是你想買就能買——大唐限房令

前面說了那麼多，其實就是大白天作了一個夢，和那幾年演的那些穿越劇一樣。好端端的，現代人真的能穿越回唐朝嗎？還想跑到唐朝的長安城買房子？這種事除了出現在電視劇，也只會發生在夢裡了。

可是你以為對一個像我這樣靠稿費過日子的人來說，在今天的西安城買間房子難道就不是夢嗎？我媽就說從現在起早貪黑地奮鬥一年，還買不起我家洗手間大小的面積。有什麼辦法呢？房價高得離譜。即便如此，還不是你想買就能買。前兩年我姊住的地方要蓋房子，必須開立證明夫妻名下沒有房，才能買房。

原以為這好像計畫經濟時代，買糧、買油都要憑票證一樣，是歷史走到今天這個新時代裡的新產物，結果有一天，突然翻開歷史資料，我真是嚇了一大跳，唐朝人連限房令都走在我們前面，他們實在潮得太離譜了。

一千年前的投資客

前面說過土地所有權，唐朝實行均田制，按「良口三人以下給一畝，三口加一畝；賤口五人給一畝，五口加一畝」的原則授予。意思是一個三口之家至少可以擁有一畝（約六百多平方公尺）土地，當然這是指普通老百姓。貴族呢？另有規定：「若京城及州、縣郭下園宅，不在此例。」什麼意思呢？意思就是「有錢能使鬼推磨」，對一個小老百姓來說，國家對你擁有的土地嚴格限制，但那些住在長安、洛陽、揚州、成都等城市中的貴族們，他們不在這些規定的範圍裡。

當年白居易的宅院「地方十七畝，屋室三之一」，一畝如果以六六七平方公尺計算，白居易的住房占地總面積為一萬多平方公尺，這讓我們蝸居在小鴿子籠裡的打工族情何以堪呀！

不過這都不算厲害。

那位在安史之亂中立下大功的郭子儀家，「在親仁里，居其里四分之一」。親仁坊就是前面介紹過一百零八個坊中的一個，規模只是中等水準，有歷史學家專門考證過，坊的東西長一〇二〇～一一二五公尺，南北寬五〇〇～五九〇公尺。取平均數計算，親仁坊面積至少約六十萬平方公尺。郭子儀的家占了這個坊的四分之一，將近十五萬平方公尺。這樣的住宅面積，你問我到底有多大，我也說不出來，但史書上說，郭子儀的眾多宅院中有一條長長的巷子，傭人們每天在這條巷子來來往往，彼此見面都不知道對方住在什麼地方。用這個例子來說明郭子儀家的住房面積到底有多大，夠生動具體了吧？

當然現在說的都是唐朝的一些王公大臣，在唐朝擁有住房面積最多的其實還不是他們，皇宮裡的公主們才是大唐真正的大地主，比投資客還要厲害好幾倍。太平、安樂、長寧……這些公主都不是省油的燈，一個一個比誰的衣服穿得漂亮，誰的首飾貴，誰住的房子大。這種風氣由大唐李氏的公主們逐漸蔓延到家中的媳婦們，就連宮裡的嬪妃也紛紛效仿，一時奢靡之風盛行。她們買房圈地，只要是她們看上的，想方設法也要占到手。楊玉環的姊姊虢國夫人就是個例子，她看上了一家人的房子，一點商量的餘地都沒有就要了過來，還美其名說是「買」，其實和強占沒什麼區別。

事情鬧到這一步，大唐皇帝坐不住了，眼看大臣一個個屋舍極其奢華，身邊的女人也個個占房買地，再不想辦法制止這股奢侈之風，搞不好就把大唐江山揮霍完了。好，就從房地產開始著手吧！

上有政策，下有對策

其實對房地產業的整治工作從唐朝初年就已經開始，只不過似乎歷來都是上有政策，下有對策，即使三令五申，唐朝人的樓房還是愈蓋愈高，地還是愈圈愈大，讓皇帝非常頭疼。

唐初的房屋限購令說：「士庶公私第宅，皆不得造樓閣臨視人家。」意思非常清楚，蓋小平房住著就行了。但自從大唐開國，那些王公貴族的家，蓋得一家比一家高。前面那幾位都不說了，都是京官，四川有個叫李晦的地方官，職務大約相當於現在的副市長，不僅替自己家蓋了小樓，還在小樓旁蓋了一座四合院，冠冕堂皇地經營起酒店生意。

既然無論京官還是地方官都能無視朝廷的禁令，普通老百姓自然也跟著效仿起來。當然，這些普通百姓指的只是頭上沒有官帽，但腰包裡卻有錢的人。不然蓋一座樓不是在開玩笑，那是要花錢的。韋應物有一首詩說：「豪家沽酒長安陌，一旦起樓高百尺。」看到沒有，高百尺的樓，一定要是富豪才蓋得起。而白居易的鄰居也非等閒人士，「東鄰起樓高百尺，璿題照日光相射」。這些都是老百姓的房子，雖然詩人筆下的百尺高樓可能運用了誇飾的手法，但一定也相當高了，我相信無論哪個詩人都不會把杜工部筆下的茅屋，寫成百尺高樓的樣子。

當時社會富足，國家有錢，百姓的日子也好過，他們這樣炫富，皇帝只能睜一隻眼、閉一隻眼，你們喜歡蓋就蓋吧！

安史之亂是唐朝社會經濟的一個轉捩點，從此，一個盛世開始逐漸走向衰落，曾經的富貴繁榮終成過眼雲煙。儘管一度出現短暫的中興，但也不過是曇花一現。

唐代宗李豫，安史之亂後的第二位皇帝。

他在安史之亂結束不久便登上皇位，眼看國家遭受那麼大的創傷，代宗痛定思痛，一定要緊衣縮食過日子，重整祖宗家業。西元七八〇年，代宗下了一道令：「諸坊市邸店，樓屋皆不得起，凡樓閣臨視人家，限百日內毀拆。」意思是說市民和商人都不許蓋樓房，已經建成的樓房，只要站在上面可以俯視其他住戶房頂，都必須在百日之內拆除。唐代宗的這個政策非常嚴厲，也是下決心要在全國吹起一股節儉過日子的風氣。不但要求市民與商人不許蓋樓加舍，就連政府官員蓋樓也在限制之內，誰敢蓋樓加舍，誰就挨板子，絕無二話。

這一政令下達後多少產生了些作用，但時間一長，又不被當一回事了。所以六十年後，又有一位皇帝把限房令拿出來重申一遍，他就是唐文宗。

唐文宗的這道禁令是：「士庶公私宅邸，皆不得造樓閣臨視人家。於令有違者，仗一百。」幾乎是把代宗的話重複一遍。估計這時造房子的風氣又有些剎不住了，文宗翻了案宗，想起這一條，趕緊下道旨，重申一下大唐天子對房產業的規定。

其實縱觀唐朝歷史，朝廷對房屋的限制政策其實還有很多，比如對各級官員蓋房子的規格，前面都提過，但好像一直是上有政策、下有對策，只要有錢、有權，能蓋房子的就抓緊時間蓋房子，能買地的就想辦法買地，唯獨對老百姓就是一板一眼。尤其是「求田問舍，先問親鄰」的政策，就是說買房也好，買地也好，不光是要徵得原業主同意，還要徵得四鄰族人的同意。如果鄰居不同意，就是拿著錢也未必能夠買到房。當然這個政策可能在社會安定上產生了一定的作用，但對大多數無權無勢的百姓來說，想擁有一間屬於自己的房子，可能就難上加難了。

宗教篇

「和尚」是個好職業

上一章談關於房子的內容時，我的大侄子正好跑進來。他問我寫了什麼，我說假如真的穿越回大唐，我就在那裡買房子。

大侄子有些不屑說：「妳有閒功夫在這作夢，還不如出去賺錢呢！」我是一個靠寫字過日子的人，他要我出去賺錢，我還真不知道這個世界除了寫文章以外，還有什麼職業適合我。聽說現在搞網路平臺比較好賺錢，還有當直播主，好像一天的收入就能超過我好幾年的稿費，但是這些工作我都做不了。

於是大侄子說：「那妳真的不如穿越回唐朝，唐朝詩人也靠文字過生活，妳看李白，在唐玄宗身邊吃香喝辣，多好的職業。」

我想了想，大侄子的話不對。唐朝的確出了一批非常棒的詩人，但詩人這個職業在唐朝還真不是什麼搶手的好飯碗，大部分詩人其實都無法填飽肚子。唐朝真正時髦的工作，你們肯定想都想不到，這個工作在當時既能賺錢還有好名聲，重要的是，身邊總有一群美女圍著，和現在的情形完全不一樣。

這個職業就是「和尚」。

行也阿彌陀，坐也阿彌陀

如果今天到西安，你會發現至今還保留許多隋、唐時期大大小小的佛教寺院。漢傳佛教八大宗派中，有六派的祖庭都在西安，使西安到現在都保有「佛都」的美名。

其實佛教進入中國的時間很早，西元前二年，來自中亞大月氏

大慈恩寺位於今天的西安市城南，長安城裡最著名的佛寺，玄奘從印度取經歸來，就是在這裡領管佛經譯場

國的使者伊存把一部《浮屠經》口授給長安博士弟子景盧，從這以後，佛教就開始在中國落地生根。

但真正讓佛教興盛起來的卻是唐朝。

說起來，唐初的幾位皇帝對佛教並不感興趣。打從李淵開始，他就把道教始祖老子奉為自己的老祖先，因為都姓李嘛！自然而然推崇道教。直到太宗時期，對佛教也不怎麼感興趣。別看《西遊記》的他和唐僧手拉著手，又是拜把，又是敬天地，那都是吳承恩編出來的。真正的情形是李世民根本不支持玄奘西行，玄奘遞交幾次申請報告都沒有得到批准，只好偷偷溜出長安，喬裝改扮成難民出國。

玄奘從印度取回來的是唯識學的經論，讓太宗大開眼界，更讓大唐的太子李治成為玄奘的鐵粉。慈恩寺原先是李治為了追念母親文德皇后修建的，他一聽說玄奘回來後沒有地方譯經，立刻挪出來給玄奘使用。當時的慈恩寺有十幾座院落，一千八百多間房屋，比現在看到的西安大慈恩寺大上許多。

李治當皇帝後，更加支持玄奘的譯經工作，大力扶持佛教事業。當然在一定程度上與他的皇后脫不了關係，就是大名鼎鼎的武則天。

武則天出家當過尼姑，這段歷史大家都知道。也許就是由於這段經歷，使她對佛教有一種特別的情懷。一坐上女皇的寶座，立即下詔規定佛教列於道教之上，和尚的地位高於道士，這是唐朝第一次明確提出對佛教的尊崇，從此確定了佛教在大唐的至高地位。

西安有不少皇家寺院遺址，像慈恩寺、薦福寺、青龍寺，都是當時皇家敕造的寺院。大唐的上層階級對佛的尊崇達到了史無前例的程度，唐玄宗的兒子李亨非常崇拜興善寺的一位僧人，經常到寺裡聽他講經說法，兩人的關係非常好。安史之亂爆發時，玄宗避難四川，李亨就是在這位僧人的點撥下，迅速稱帝穩定局面。他就是非常有名的開元三大士之一的不空法師。僧侶干預朝廷政事在後來的唐朝屢見不鮮，他們具有非常高的政治地位，很受朝廷重視。

這讓佛教一時在長安非常盛行，當時的高僧、名僧全都聚集在長安，說法、譯經、開道場，很多外國僧人也紛紛趕往長安。電影《妖貓傳》的日本和尚空海，就是不遠萬里來到長安的青龍寺學法，他在長安的時間不長，學的東西卻不少，回到日本後就創立真言宗。直到現在，日本的真言宗還把中國的青龍寺當作祖庭。

百姓對佛教更加痴迷得不得了，白居易有首詩說：「行也阿彌陀，坐也阿彌陀；縱饒忙似箭，不廢阿彌陀。」真的是把大唐人忙著修佛、念經的情形描繪得生動極了。當時佛教深入人心，全國各地出現「家家觀世音，戶戶彌陀佛」的現象，心心向善，人人念佛，甚至有不少屠夫都在佛教的感化下「放在屠刀，立地成佛」。與之相應的，大唐的佛教寺院也空前多起來。

空海紀念碑

大慈恩寺前的玄奘塑像

雖說都是佛教的寺院，但在唐朝時，根據規模的大小和建造方法的不同，叫法大不相同。有一種是「民營寺院」，就是私人營造的寺院，名字叫法不一，有的叫「招提」，有的叫「蘭若」，還有的叫「精舍」，但無論是哪一種規模都不大；相對來說，還是官辦的寺院顯得宏偉壯麗，比如前面提到的大慈恩寺、薦福寺、青龍寺。唐朝時期，這些大型寺院還有一個名字叫「伽藍」，這個外來詞從梵語音譯而來，指和尚們共同居住的地方，當然就是寺院。

提到和尚，我又想多說幾句。有句話說：「不是所有騎白馬的都是王子。」我也補充一句：「不是所有剃光頭的都是和尚。」唐朝的一般出家人都叫「沙門」、「沙彌」或「比丘」。要是在唐朝隨隨便便叫出家人「和尚」，他一定以為你是要拜他為師。因為在唐朝，「和尚」是非常受崇敬的稱謂，好像現在的「教授」一樣，不是隨隨便便就受得起的。

和尚是個好職業

在唐朝當和尚（我用錯詞了，這裡指的是出家人）有不少好處，且聽我一條一條地說。

唐朝的出家人不用繳稅，而且因為皇帝看重佛教，總是不斷賞給寺院土地，讓寺院的經濟發展有了足夠的資本，有一些寺院甚至發展出許多經濟活動，讓出家人有了非常不錯的收入，這大概是當時年輕人甘願做和尚的一個原因。

當然，錢不是最重要的，最重要的是出家人擁有極高的社會地位。「佛能帶人走向極樂世界」，做為佛在人間的代言人，出家人無論走到哪裡都受到人們歡迎，是極受尊重的一份職業。而父母願意讓孩子出家，也是看好這個職業的前途，說不定能培養出像玄奘那樣的大師，也是光宗耀祖的事。

當時很多貴族子弟都投入和尚產業，最典型的就是歷史上非常有名的三車和尚。

三車和尚，就是窺基法師，他的叔父是唐朝的開國功臣尉遲敬德，窺基未出家前，是個名副其實的官宦公子。他的日子過得如何呢？當然與大唐其他的貴公子一樣，美女、美酒與沒完沒了的歌席酒宴，當時的他可從不曾想過會與佛教扯上關係。

但自從他遇到玄奘後，一切都改變了。玄奘慧眼識英雄，見到這個尉遲公子時，一眼就看出是位極有佛緣的人，並認定他便是自己事業的後繼之人。

尉遲家裡的人都為玄奘法師能挑上自家孩子而感到高興，恨不能大擺宴席以示慶賀，可是過慣了錦衣玉食生活的尉遲公子，怎麼會心甘情願地過出家人的日子呢？於是便向玄奘提出了三個條件，出家可以，但第一不能斷了身邊的美人，第二不能斷了美酒，第三不能斷了美食。

他以為這些條件會被玄奘拒絕，不料玄奘微笑著答應了全部要求。所以窺基出家後，出門常三車相隨，一車裝經論，一車自乘，一車載美女和佳餚。久而久之，長安城裡的百姓便送他一個「三車和尚」的稱號。

玄奘挑選尉遲公子並非偶然，一定是深思熟慮，無論學識、家世都在他的衡量之內。好在這位尉遲公子沒有辜負玄奘的苦心，當了和尚的他很快就在老師的教導下開始做起譯經工作。後來，唯識宗的發揚光大全憑這位三車和尚。千萬記住，玄奘真正的得意弟子其實是這位出身高貴的窺基，而不是從石頭縫蹦出來的孫悟空。

玄奘還有一位弟子，在歷史上也比較出名，他的名字叫辯機。比起師兄三車和尚，這位小師弟雖然也跟著師父學經、譯經，但出名卻不是因為佛法，而是因為一段風流韻事。

看過《西遊記》的人都知道，唐僧一路西天取經，遇到的除了妖魔鬼怪，就是對他死纏爛打的美女。有時候覺得很奇怪，一個長得十分標致的美女，怎麼會喜歡一個和尚呢？

在這件事情上，吳承恩還真沒亂說，唐朝的和尚在美女界還真是很吃香呢！

前面說唐朝是佛教鼎盛發展的時期，上至皇親貴戚，下到黎民百姓，人人都信佛。崇信佛教在當時是一種社會風氣，非常時尚的事，和現在的追星差不多。

那時的達官貴人都樂於與和尚交往，和他們談論佛經感覺是件很有品味的事。這讓和尚有了更多進出這些達官貴人府宅的機會，甚至可以接觸到他們的女眷。

西安護國興教寺裡的
窺基法師舍利塔

西安護國興教寺裡的
玄奘法師舍利塔

眾所周知，唐朝的社會比較開放，對女性沒有太多禁忌。除了能在家接觸到和尚以外，那些王公貴族家庭的婦女，還會經常以到廟裡施捨、禮佛為名參加一些社會活動，讓她們有了更多與和尚接觸的機會。

唐朝的和尚非常有文化，一般都具有很高的修養，一旦遇到長得眉清目秀的，好像就很容易與這些貴婦們發生些什麼。辯機就是這樣一位既有學識又有長相的和尚，所以高陽公主一見就喜歡上他。

高陽是太宗的女兒，嫁給了房玄齡的兒子房遺愛，結果兩人可能沒有看對眼。高陽遇到辯機後，便開始了一段偷偷摸摸的愛情之旅。

聽我這麼說，和尚這個職業又有「錢」途，又有社會地位，又有美女緣，就連富家子弟都在這一行，難道還不是個好職業嗎？

請問該怎麼入行呢？

和尚不是想當就能當

這世上但凡有什麼事情成為熱門，就不是那麼輕易可以到手了。工作也一樣，應聘的人多了，就會有競爭，有競爭就會有淘汰。所以即使是和尚，在唐朝也不是你想當就能當。要是不相信，我舉個例子，就是大家都熟悉的玄奘法師。

《西遊記》的玄奘從小被收留在寺院裡成長，但真實情況不是這樣。玄奘的俗名叫陳禕，爸媽死得早，小小年紀就跟著哥哥在洛陽的淨土寺裡長大。也就是說，他哥本來就是出家人，整天和哥哥住在寺院，聽和尚們打坐、念經，所以早早就結下佛緣。陳禕唯一的理想，就是當一名出色的和尚。

十幾歲時，有一天，他聽說朝廷要在洛陽剃度二十七名和尚，就像以前的有志青年突然收到公務員招考的消息一樣興奮，一大早興致勃勃地趕去報名。到了那裡一看，前面已經有好幾百人在排隊，其中不乏對佛法有深入研究的人，他一個十幾歲的孩子，報名處連名字都不給他說，就把他打發走了。

陳禕不甘心，他就是想要當和尚，於是趴在門縫朝裡張望，說什麼就是不肯走，被當時負責招考和尚的大理寺卿鄭善果看到了。

說起來，顏值高有時候還真的能發揮一定作用。陳禕長得好看，濃眉大眼，細皮嫩肉，一看就討人喜歡，所以鄭善果沒有趕走他，反而問他：「小孩兒，你在這裡做什麼？」

陳禕說他想要當和尚。

鄭善果看他年紀小，以為說好玩的，就問他為什麼要當和尚？陳禕當時說了一句非常有遠大抱負的話，一下就征服了鄭善果。他說：「我想繼承佛祖釋迦牟尼的事業，讓佛教教義發揚光大，留傳百世。」

一個小小的孩子口中能說出這種豪言壯語，鄭善果感到吃驚，心想這個年紀就想繼承釋迦牟尼的事業，我倒要考考你。於是問了陳禕很多關於佛法的問題，結果竟然都能對答如流。鄭善果簡直就像發現神童一樣高興，當場拍板破格錄取，取法名玄奘。

從陳禕到玄奘，這個故事至少讓我們看到兩點：第一，那時候爭著當和尚的人的確不少，都是排隊準備剃度；第二，要當和尚真的不容易。千萬別相信電視劇的那一套，什麼時候突然覺得看破紅塵，找個廟門走進去，剃了頭髮就算出家，哪有那麼容易的事呀！

長安城有專門管理出家人所有事務的部門叫「祠部」，他們會根據每個地區的人口數量與當地的實際情況，規劃每一年這個地區有多少有志青年可以落髮為僧。然後，再根據這個數量發放一定分額的度牒到這個地區。什麼是度牒呢？簡單說，就是國家發給出家人的從業證。沒有度牒，縱然剃了頭，穿上袈裟，也只是假和尚。

那麼，如何才能拿到度牒呢？

首先，要考察你的家世是否清白；然後，還要考察你的品格是否高尚，有無犯罪前科，有無不良嗜好；最後，還要通過文化考試。當然如果這些都不出眾，但你們家特別有錢，那也可以透過關係買一份度牒。一份度牒賣多少錢呢？這就沒有什麼定數了。最貴的時候，有個屠夫覺得自己一輩子殺豬、宰羊的罪孽深重，想要出家贖罪，花了三萬錢買了度牒；但晚唐時，江南某地為了斂財，也賣過二千錢一份的度牒，

這就要看你的運氣啦！

道士傳說

前幾年，有個美國人出過一本《空谷幽蘭》，寫這位美國人在長安開啟的一場對終南山隱士的探尋之旅。

說起隱士，你大概和我一樣，馬上想起四個字——仙風道骨。他們也許都應該這樣：頭上綰著高高的髻，胸前飄著長長的鬚，說出來的話高深莫測，總是讓你琢磨十天半個月，才能明白是什麼意思。他們與和尚在你心目中的形象完全不一樣，總有一股神祕色彩，甚至還帶些仙氣。

我說得沒錯吧？

中國的和尚講究入世，很少隱居，如同前面所講，很多人要參與國家政治；但道士不一樣，道家講出世，講順應自然，無為而治。《空谷幽蘭》的隱士多半是道士。

道教與佛教的另一大不同之處在於，佛教是外來的，而道教則是中國土生土長的。有點文化的人都知道中國有個老子，春秋時代的人。那是好幾千年前的事情，這個人在當時是個「憤青」，好好的工作說不做就不做，騎頭青牛就要「世界那麼大，我想去看看」，結果走到潼關時被當時的關令攔住。這個關令姓尹名喜，是個人物，一眼就看出這位騎青牛的人，頭頂飄著一股紫色的雲氣，料定此人絕非等閒之輩，於是將他攔下，非要他留點什麼才肯放他過關。於是老子洋洋灑灑寫了五千字，留下那部了不起的《老子》，又名《道德經》。

《老子》後來被奉為道家經典，而他就成為道家的老祖宗。

你一定會問本來在說大唐的故事，把老子扯出來做什麼呢？這是必須的，老子姓什麼？姓李，大唐誰家的天下？李家的呀！

連你都想到這個問題了，老李家的人會想不到嗎？

一筆寫不出兩個「李」字

前面說過好幾次，老李家的出身是北狄的鮮卑族。說白了，不管他們後來建立的唐朝有多麼了不起，胡人的血統總是讓老李家的人感覺沒面子。尤其是面對那些有著顯赫家世的舊貴族，李家人總覺得有些抬不起頭。

怎麼辦呢？

就和那些寒門子弟一旦有點成就後，都要在朝裡找個有權勢的乾爹或老丈人，藉此抬高自己的身世。老李家拿了天下，也要找個有頭有臉的祖宗，於是想到了老子。老子姓李，名耳，道教祖師爺，現成的高標準，這個親不攀白不攀。所以，李淵剛建立大唐，就急急忙忙地拜老子做祖先，還花大錢重修了樓觀臺。

樓觀臺在終南山下，離長安不算太遠。有一種說法，當年那個關令尹喜攔下老子，把他帶到終南山，那裡有尹喜蓋的一座小樓，取名「樓觀」，老子在那兒寫了五千言就騎牛西去。從此以後，這位關令工作也不要了，每天在樓觀潛心研究老子留下的五千言，並把它當作一種學術思想，發揚光大。到了秦始皇二十八年，嬴政在這個地方建了座清廟紀念老子，之後漢武帝又在這裡建了老子祠。從此，樓觀臺便成為道教的發源地。

到了唐高宗李治時期，對老子的認親活動就進行得更加沒羞沒臊了，直接追封老子為「太上玄元皇帝」，這可是非常不得了的封號，比太上皇還要高好幾個層級。縱然他的老婆武則天對佛教一片痴心，但礙於整個老李家都拜老子為祖宗，她也只好封老子的母親為「先天太后」了。

李隆基當皇帝時，有一天，他突然作了一個夢，夢見一個白鬍子老頭，說他就是老子。這

老子的說經臺

樓觀臺全景

夢不知是真是假，反正李隆基醒來以後就坐不住了，立即下令重修樓觀臺，並說老子在夢裡交待他，樓觀說經臺附近有老子的玉像一尊。派人去挖還真的挖到了。李隆基誠惶誠恐地把玉像迎回興慶宮，供奉在大同殿，還下詔全國各地都要設玄元皇帝廟，並在長安招了一大批學生，專門學習老子留下的五千言。為了顯示對這本書的重視程度，他把《老子》從此改名為《道德經》。「經」的意思當然就是比一般書的格局更上一層了，受重視的程度自然也不一樣。

此後很長一段時間，道教與佛教並行，兩家互不相讓，誰也不服誰。但是，佛家有一個天然優勢，就是「佛」取得民心，「道」行再高深，離老百姓的日子總是有點遠，縱然背後有皇帝撐腰，但佛教一直卻處於領先的優勢地位。

事情一直發展到唐武宗時期，武宗是個堅定的道教徒。他身邊有個道士叫趙歸真，天天在皇帝耳邊說要一掃佛教歪風。正是打瞌睡想找枕頭的時候，這些佛教的僧人，還真的就遞上了「枕頭」。

武宗時期的中國已經成為世界佛教中心，寺院經濟更是得到前所未有的發展，他們占有大量土地，要嘛是皇帝賞賜，要嘛是有錢人贈送。因為唐朝的法律規定寺院的僧尼不僅擁有土地所有權，而且不用繳稅，所以那時的寺院都非常有錢，僧尼們成為穿著袈裟的地主。

他們有了錢後，就想要錢滾錢，於是偷偷搞信貸業務，開當鋪，放高利貸，有些還以救苦救難的名義到處斂財。因為他們所有的收入都不必繳稅，等於賺多少錢全是自己的。如果你是皇帝，會允許這樣的事情存在嗎？更何況寺院裡這種優越的條件，吸引著愈來愈多的人剃頭當和尚，全國其他的行業要怎麼辦呢？

抓著這個「枕頭」，趙歸真開始在唐武宗面前大做文章，終於鼓動了自大唐建國以來最興師動眾的一場滅佛運動。

這場滅佛運動對佛教的打擊相當致命，寺院能毀的全毀，僧尼該還俗的全部還俗。自此道家獨領風騷，佛教一蹶不振。

說到這裡，你一定會問，一個九五之尊的皇帝，為什麼會聽道士的話？難道你

素面雙耳提梁銀鍋，西安市何家村出土的這種唐代提梁銀鍋有五件，都是用來煉丹，陝西歷史博物館展出

真的忘了嗎？道家有個看家本領——煉丹治病，可保長生不老呀！哪個皇帝不想長生？哪個皇帝不怕生病？只要道士們說能讓皇帝青春常在，有哪個皇帝不願意聽從他們呢？

唐朝有不少皇帝和道士打成一片。

唐憲宗就是個例子，他本來是個挺有作為的好皇帝，「元和中興」是他一手創造的輝煌，只可惜好景不長，這位挺有作為的好皇帝迷上了修仙術，整天在三清殿和一群道士學煉丹，不問朝政，最後死在宦官手裡。還有唐穆宗、唐敬宗、唐宣宗，包括唐武宗，這些皇帝全都被道士的長生不老丹藥哄得神志不清，但沒有一個真的長生不老。他們也不想想，要是真有長生不老的仙丹，這世上哪有他們老李家的天下呀?!秦始皇肯定活得好好的，天下說不定還是老嬴家的呢！

有一種理想，是位列仙班

提起道教，總會想起一股仙氣，道家好像天生有種與眾不同的氣質，不然怎麼會有「仙風道骨」這個詞呢？沒有錯，這就是道家不食人間煙火般的氣息，賦予他們可以被假想、彷彿是神仙一般的氣質，這是道家與佛家不太一樣的地方。

其實道家與佛家還有很多不一樣的地方，但又有許多地方很相似。佛家有西天佛祖，道家就有玉皇大帝；佛家有菩薩、羅漢，道家就有神仙、魔王。仔細回憶一下《西遊記》，其實吳承恩就是典型的民族主義加愛國主義者。他把佛家和道家揉和在一起，結果最後是佛家一有事，就必須請道家的神仙來幫忙。打不過妖怪，和尚又被捉住，哪一次不是神仙出手相救？

這些神仙都是從哪來的呢？他們全是道家根據中國民間傳說，模仿佛家世界編出來的，而且有一整套完整的神仙體系，最高等級是「三清」：玉清元始天尊、上清靈寶天尊、太清道德天尊。道德天尊大家最熟悉，就是替孫悟空煉了火眼金睛的太上老君。

三清之後是五老君，分別掌管東、西、南、北、中五個方位；接下來是天帝，分成六個方位，上、下、南、北、東、西各管一方，玉皇大帝居上排第一，管理天上的諸位神仙；另外還有北邊中天北極紫微大帝，管理日月星辰；西邊的勾陳上宮天皇大帝，管理天下的兵革戰爭；南邊的長生大帝，就是常說的壽星，管理天下萬物生靈；下邊的承天效法后土皇地祇，管理山川大地，這是位女神仙，老百姓都稱她后土娘娘；東邊的東極青華大帝，就是常說的太乙真人。

天帝底下還有各路神仙，風雨雷電、草木山川，包括看門的門神，廚房的灶神，就連牲口圈都有馬牛瘟神。總之地上有一行，天上就要有一神。他們經由道家一點一點地描畫，到了唐朝，基本上算是各路神仙全到齊了。包括後來大家非常熟悉的八仙，這個時候也陸續有了張果老、呂洞賓和韓湘子。他們都是娘生、爹教養，和一般人沒什麼區別。但是，他們都修道，比如張果老，原名叫張果，就是隱居中條山的一個道士。據說此人已經修煉到出神入化的地步，精通各種道術，後來有一天，突然閉上眼睛化仙而去了。還有呂洞賓，此人考過進士，卻不熱衷於仕途，整天獨自待在家思考人生，有一天突然離家出走縱遊天下，後來就做了神仙。另有一位韓湘子，大文豪韓愈的親侄兒，他對做官沒興趣，對娶老婆也沒有興趣，唯獨對修道有興趣，最後修成正果，成為神仙。

這些凡人成仙的例子太具有勵志效果，所以縱觀整個大唐，無論是貧苦百姓，還是皇親貴族，有太多人紛紛加入修道成仙的行列。隨隨便便數一數，大唐的公主們如金仙、玉真、永安、安康等，全都做了女道士；做官的也不少，比如寫下「少小離家老大回」的賀知章，還有大宰相姜公輔，他們都修道。當然這些人未必個個都想當神仙，其中也有不少是因為生活過得不順心，想借修道的清靜躲避現實；還有一些人是因為身體不好，真的就在道士這裡求醫問藥，還把病治好了，從此迷上這一道；更有一些人是看淡了功名利祿，選擇退隱山林、潛心學道。

總之，每個人都有各自入道的理由。

他們入道後，主要課程就是每天練習氣功、煉服丹藥、煉黃白術（道士以為他們真的神通廣大，把一些銅、鉛、錫之類的金屬，透過他們的點化就能變成真金白銀，這個技術就叫黃白術）。這些修煉課程主要流行於那些想要升仙、求長生，包括皇帝在內的有錢、有權階層；老百姓間也有道術流傳，但僅是些求符問咒、行醫卜卦，比起想要尋求長生不老的人來說，這只是些生老病死的問題。

有沒有人真的修成神仙呢？據我所知，目前還真的沒有。畢竟修道成仙實在是件太費時的事。畢竟做神仙太難，還是先把人做好再說吧！

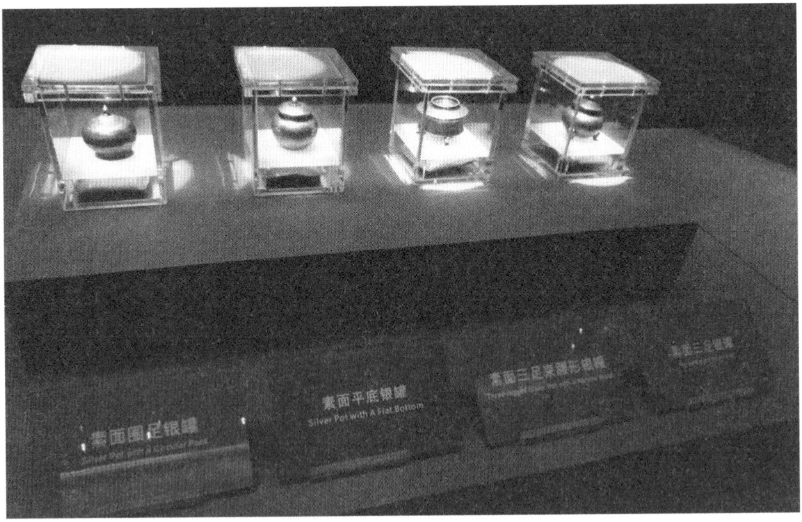

盛丹藥的銀罐，唐朝盛行煉丹之風，這些何家村出土的小銀罐，當時是用來盛放丹藥，陝西歷史博物館展出

你知道大唐還有這些「教」嗎？

有一種說法是中國人沒有宗教信仰，不像西方人對上帝、穆斯林對真主那樣，無論從外在到內在，都迷信得一塌糊塗。中國人為什麼沒有宗教信仰呢？大概是因為孔老夫子的儒家學說太深入人心了，在中國社會幾千年的潛移默化，其實早已是一種信仰。

那麼多年過去了，無論外來的哪一種宗教，企圖透過傳教的方式占領中國人的精神世界都沒有成功。這些外來宗教，對中國人影響最大的是佛教，最終還被漢化。除了佛教以外，還有其他宗教曾在唐朝時隨著絲綢之路陸續來到長安，但一直保留下來的是伊斯蘭教。

西安市化學巷清真大寺裡的禮拜大殿，化覺巷清真大寺為西安最大的清真寺，始建於唐代

現在的西安人稱伊斯蘭教為回教，因為教徒全是回族兄弟，每天戴著小白帽，定時定點在清真寺做禮拜，這些清真寺很多是唐代就有了。

唐高宗時期，長安城裡來了一批阿拉伯人，一行二十三人，他們來拜謁大唐皇帝，順便開開眼界，看看繁華的長安城。這些阿拉伯人有個共同的稱呼，叫做穆斯林，這是音譯詞，意思就是伊斯蘭教的信奉者。既然人來了，伊斯蘭教自然也就跟著來了。

之後，來到長安的穆斯林愈來愈多，這些人多半是來做生意的，喜歡長安的生活，有很多人來了以後就不想走了。

但他們有一件非常麻煩的事，就是不管走到哪，每天都要向真主做禮拜，要有禮堂、有寺院，這是天塌下來都要做的事情。可是他們大老遠從阿拉伯來到長安，總不能把寺院背過來吧?!所以說，大唐皇帝真的非常有包容心，也很大方，賞賜穆斯林一塊地，讓他們在那裡蓋清真寺。那些來長安的穆斯林從此就圍繞著清真寺定居，現在正夯的觀光景點回民坊，就是這麼形成的。

除了阿拉伯人以外，波斯人也把他們的宗教帶來了。如果現在來西安，乘坐地鐵到開遠門站，一定會在月臺廣播聽到「景教寺」的介紹，而景教就是波斯人帶來的宗教。

什麼是景教呢？

其實是基督教的一個派別，叫聶斯脫里派，是從當時的希臘東正教分離出來，因為有點異端邪說的意思，就被逐出教會，後來流傳到了波斯。西元六三五年，一個叫阿羅本的波斯人把它帶到長安，「景教」是它在大唐的名字。這應該是最早到達中國的基督教，但因為是外來宗教，所以武宗滅佛時，就連同佛教一起被禁止了。

除了景教以外，還有摩尼教，也是波斯人的宗教，大約在武則天時期，經由回鶻，就是現在的新疆地區傳入長安。摩尼教在長安沒有掀起過多大的風浪，武宗滅佛時同樣受到打擊。但摩尼教卻偷偷藏著種子，悄悄做了「地下工作」，他們非常懂得走群眾路線，慢慢在民間發展，重新改頭換面，形成明教，後來逐漸演化，變成我們經常聽到的「白蓮教」。

還有一個祆（音同先）教，這是波斯人的國教，因為信奉火神，又叫拜火教，在基督教誕生前就已經很「火」了。進到中國的時間比較早，大約是南北朝時期，不過鼎盛時期還是在唐朝。那時長安城裡，祆教的教祠非常多，朝廷還專門設立祆官，位從七品，可見當時朝廷對祆教非常重視。只是因為是異教，同樣沒有擺脫被武宗消滅的命運。到了今天，我們幾乎都不太認識這個「祆」字了，因為這個宗教已經很少有人提到啦！

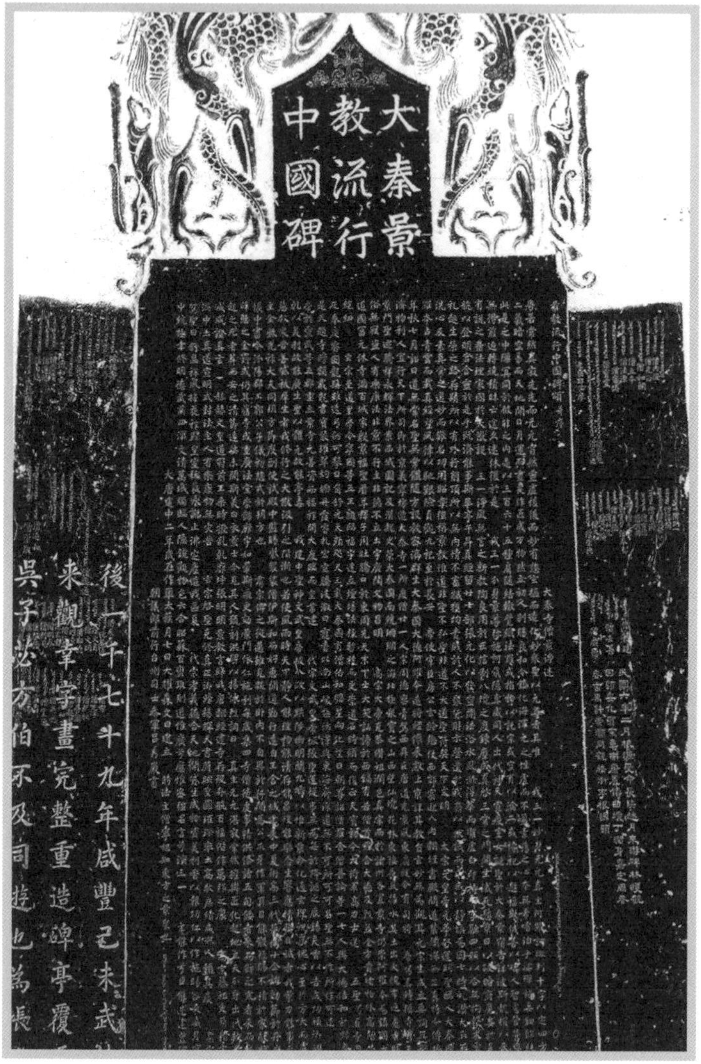

（唐）大秦景教流行中國碑，現藏西安碑林博物館

文化教育篇

永遠的唐詩

說道唐朝，你覺得最有名的是什麼呢？輝煌的大明宮？穿得特別驚豔的大唐美女？胡姬的酒肆？都不對。要叫我說，唐朝最有名的當然是唐詩。

打從我還沒認識幾個字時，我媽就教我念：「兩個黃鸝鳴翠柳，一行白鷺上青天。」想要吃糖，必須先背出「白日依山盡，黃河入海流。」一首不行，再來首「鵝，鵝，鵝，曲項向天歌。」

我推測每個在中國長大的孩子，差不多都被家人像這樣逼著背過唐詩吧？為了背詩，只怕也挨過不少揍吧？

但你知道嗎？別說是背詩，就是寫詩，這些看起來非常困難的事，在唐朝卻是多數人的日常。隨隨便便在酒吧唱個小曲，開開玩笑，說不定就能吟出一首絕句或律詩。前面說過，就連娶老婆都要作一首詩呢！

大唐人就是這麼有文化。

唐詩，你真的懂嗎？

我周圍有不少人也寫古詩，五言、七言、絕句、律詩……時不時就有人發個貼文，整整齊齊地幾句，偶爾還真的能看到有模有樣的詩句，合轍押韻，很有幾分古人的模樣。我有時也寫，興致來的時候冒個幾句：

人生快意何須酒，一盞清茶皆可休。
萬里長風逐秋月，我隨秋月散閒愁。

有一天，愣頭愣腦的大侄子又跑進書房，看我在念書，不知為何就問了我一句：「最近為什麼沒看見妳寫唐詩？」

我只好放下書，心平氣和地告訴他：「縱然打死我一百次，我也不可能寫得出一首唐詩呀！」

詩這種文學體裁很早以前就有了，那時的人穿著獸皮做的衣服，拿個彈弓在林子裡打鳥回來當飯吃。即使是那樣，他們也已經學會寫詩：「斷竹，續竹。飛土，逐肉。」別看只有八個字，這已經是詩了。什麼意思呢？意思是砍斷竹子，做個彈弓，然後裝上石頭打獵物回來當肉吃。別笑，這真的就是古老的體力勞動者在生產生活裡創造出來的詩歌藝術。你以為詩從一開始就只屬於詩人嗎？當然不是。《詩經》裡面大部分都是體力勞動者唱的小調，那還是周朝，朝廷有個專門負責採集這些民歌的部門，他們沒事就經常下基層，聽老百姓幹活時唱的歌，收集、整理出來，經過孔子刪刪減減，就成為現在看到的《詩經》了。

《詩經》的詩和唐詩不一樣，以四個字一句居多，像我們成天念的「關關雎鳩，在河之洲；窈窕淑女，君子好逑。」這叫四言詩。

大約到了秦、漢時期，國家有個專門的機構教人唱歌、跳舞，叫做「樂府」。樂府要教人唱歌，就要有歌詞，所以就出現一大批樂府詩。念一句大家最熟悉的：「少壯不努力，老大徒傷悲。」這是漢樂府〈長歌行〉的句子。最早的五言，已經不同於《詩經》的四言了。

再往後，七言詩開始風行。

其實七言詩出現得比較早，楚國大夫屈原的《楚辭》就有「路漫漫其修遠兮，吾將上下而求索」的七言句子，後來魏、晉時期也有人寫七言，但真正的流行還是唐朝以後的事情了。

說到這裡，你已經知道不是所有七個字一句，或者五個字一句，連成四句、八句的都叫唐詩。後面還有宋朝人作的詩，明朝人作的詩，清朝人作的詩，比方說，「人生若只如初見，何事西風悲畫扇」，雖然形式上和「兩個黃鸝鳴翠柳，一行白鷺上青天」相同，但千萬不要叫它唐詩，因為這是清朝人的創作。唐詩，僅是唐朝人作的詩。

詩到了唐朝，又有新的話題。

唐朝以前的詩，有個統一的名字叫「古風」，也叫古體詩。注意，雖然唐詩距今已經一千多年，卻有一個非常年輕的名字叫「新體詩」。為什麼唐朝的詩和以前的詩有所區別，被叫做新體詩呢？因為唐詩開始講究聲律與對仗。這是一種作詩的技巧，不是專門學習這種作詩技巧的人還真不容易掌握。

先說聲律，新體詩有嚴格的聲律要求，一首詩的哪一個字用平調，哪一個字用仄調，都已經規定好，就像設計遊戲必須遵守規則一樣，如果用錯了就會被人笑。

接下來是對仗，這是相對於律詩而言的。

什麼是律詩呢？從句子的多寡來看，律詩比絕句多一倍。絕句只有四句，而律詩是八句。例如韋應物的〈夕次盱眙縣〉就是一首標準的五言律詩：

落帆逗淮鎮，停舫臨孤驛；
浩浩風起波，冥冥日沉夕。
人歸山郭暗，雁下蘆洲白；
獨夜憶秦關，聽鐘未眠客。

除了句式與聲律的要求以外，律詩最重要的是講究中間兩聯必須對仗。「浩浩風起波，冥冥日沉夕」這一聯「浩浩」對「冥冥」，「風起波」對「日沉西」；下一聯「人歸山郭暗，雁下蘆洲白」也非常整齊，「人歸」對「雁下」，「山郭暗」對「蘆洲白」，一點都不亂。

當然，除了這些，律詩還有其他很多顧慮，不是三兩句就能說清楚，這裡只能點到為止。但總歸一句話，千萬不要以為隨便湊幾句七言或五言連在一起，就說那是「絕句」或「律詩」，沒有一定的格律，基本上只能算是順口溜，當然也可以叫做「打油詩」。

唐朝的詩人＝男人?!那是謊言

說完唐詩，就要來說唐朝詩人了。

詩發展到唐朝，算得上是真正的黃金時代了。為何這麼說呢？因為從隋朝開始，錄取官員的形式發生改變。隋朝以前，你想要做官，是靠在地人推薦，然後有人專門對你進行品評。考察完你的人品、家庭出身、學識修養等方面後，會給你一個綜合評分，合格就保送；不合格就pass，這叫「九品中正制」。

但隋朝徹底改變這種靠關係朝上爬的途徑，想要做官，全憑你的本事——就是後來的科舉制度。

隋朝的時間很短，幾十年一晃就過去了。到了唐朝老李家當皇帝時，雖然是親手掀翻隋朝的天下，但他們覺得隋朝人搞的科舉制度還是相當厲害，能讓許多埋頭苦讀的有志青年，得到大展宏圖的機會，就繼續沿用這種人才選拔的制度。

科舉制度考什麼呢？化學、物理、代數、幾何？錯，大錯特錯。科舉制度重點是考你的文采。會不會解X＋Y＝Z不算特別重要，重要的是你必須會寫「妝罷低聲問夫婿，畫眉深淺入時無」這樣文采飛揚的句子。

這是唐代詩人朱慶餘寫給另一位著名詩人張籍的詩句，張籍當時在朝裡當官，是個水部員外郎，而朱慶餘還是個剛到京城趕考的小菜鳥。當時趕考的書生有一種流行，未進考場前，必須先讓一些大家、名家知道你和你的文采，好讓他在朋友圈宣傳。所以，你要先把平時的詩文整理好，帶在身上，到了京城遇到能識人才的伯樂，趕緊遞給他看，在當時叫「行卷詩」。

朱慶餘認識張籍後，把自己的一卷軸「行卷詩」交給他。張籍一看大喜，這麼好的詩，這麼優秀的青年，隨即就在朋友圈替朱慶餘張羅開了。可是朱慶餘還是覺得不踏實，考完後跑來找張籍，想問：「不知道我能不能考中啊？」但又不便明說，於是作了這首七言絕句：「洞房昨夜停紅燭，待曉堂前拜舅姑。妝罷低聲問夫婿，畫眉深淺入時無。」什麼意思呢？新媳婦頭一天過門，早上起來要去見公婆，心裡有點緊張，就問丈夫自己的妝化得好不好。

多巧妙的構思，張籍一下就聽出他的意思，回了一首：「越女新妝出鏡心，自知明豔更沉吟。齊紈未足時人貴，一曲菱歌敵萬金。」意思是以你的水準，還有什麼好擔心的呢？

現在的考試都是以分數定成敗，所以從幼兒園開始，家長們就像瘋了似的，緊緊盯著小朋友的成績，多一分、少一分都非常重要。唐朝人看文采，唐朝的家長們從小就培養孩子作詩、寫文的本事，唐朝有多少人乳牙還沒有換完就能出口成詩，多到數都數不出來了。

在這種教育機制下，不多出幾個詩人才詭異呢！從初唐四傑的王勃、盧照鄰、楊炯、駱賓王，到後來的大李杜（李白與杜甫）、小李杜（李商隱和杜牧），還有田園派的王維與孟浩然，邊塞詩人王昌齡、高適，多得好像天上的星星一樣。不過這些都不足為奇，這些人從小都是被當作種子選手培養，吟詩作對對他們而言是必修課程。然而女孩子就不一樣了，科舉不要女孩子呀！所以爹娘就覺得，一個小丫頭能把針線活做好，將來找個好婆家，那才是最重要的事，至於作詩，還是留給妳的兄弟們研究。

可是，偏偏就有巾幗不讓鬚眉，唐朝的男詩人固然像天上的星星一樣多，可那些才貌雙全的女詩人也很了不得，第一個先說薛濤。

薛美女會作詩的年紀，大約相當於現在的小學二年級。不要張大嘴盯著我看，這是真的。可惜她命不好，爹爹很早就死了，後來淪落為官妓。不過好在她認識了中年大叔韋皐，在韋大叔的照應下，薛美女很快如魚得水，憑著高顏值與高智商，尤其是作詩的高水準，一下子名聲大起。免不了引來一群男粉絲在她身邊打轉，更有男詩人天天喜歡和她你唱我和。這下韋大叔不開心了，一翻臉給她來個教訓，直接貶到軍營勞軍。

薛美女受不了軍營的苦，寫過一組〈十離詩〉，算是給韋大叔的懺悔信，像是魚兒離了池水，「不得清波更一游」；毛筆離開了手，「不得羲之手裡擎」；鸚鵡離了籠，「不得籠中再喚人」等，其實就是委婉地向韋大叔表示，我離開了你，的確很後悔。大叔心一軟就把她叫回去，只是兩個人的關係再也無法復合，沒過多久，大叔就暴病而亡。

中年後的薛美女遇到第二段愛情——風流才子元稹，這是一場姊弟戀，此時薛美女已經人老珠黃，而元才子正意氣風發，雖然愛情很甜蜜，不過現實總是十分殘酷——這場愛情無疾而終。

晚年的薛美女每天獨坐小溪邊，用紅箋寫好詩，放入溪中，讓它們順水漂去。這是她自製的箋，尺幅大小正好適合寫一首小詩，非常有情調。所以有人說薛美女後來加入了造紙業，不知是真是假，但她所創下的「薛濤箋」，倒是確確實實在中國文化史上留下非常美麗的一筆。

還有一位與薛濤一樣好看，又特別會作詩的唐朝美女，就是前面提到被李億大老婆送去道觀的魚玄機，「易求無價寶，難得有情郎」就是這位美女詩人的真情之作。

幸福的女人真的都一樣，不幸的女人卻各有各的不幸。魚玄機和薛美女一樣好看，和薛美女一樣會作詩，也和薛美女一樣沒有遇到願意真心愛護她一輩子的好男人。

魚玄機寫過：「自恨羅衣掩詩句，舉頭空羨榜中名。」什麼意思呢？站在大街上看著男人們進考場考功名，自己空有能詩能文的才學，可惜卻是女兒身。而整個大唐，像她與薛濤這樣的女詩人很多：「勸君莫惜金縷衣，勸君惜取少年時；花開堪折直須折，莫待無花空折枝。」就是唐朝美女詩人杜秋娘所寫；還有前面講過偷偷愛上鄰居家小哥的晁采姑娘，「儂贈綠絲衣，郎遺玉鉤子。郎欲繫儂心，儂思著郎體。」你看，這麼妙的句子，雖然沒有李大詩人「君不見，黃河之水天上來」的氣魄，但也玲瓏可愛，把小女人細膩婉轉的心思寫得多到位啊！所以，在作詩這件事情上，「誰說女子不如男」？

唐朝人念詩，真的是用「關中話」嗎？

陝西人有時候很可愛，覺得一千多年前的唐朝，在我們家門口搞出那麼大的動靜，長安城這種國際化大都市，誰能相比，就覺得好像這樣的榮光足以照耀幾千年、幾萬年。有一天在社區門口見哥們敞懷，天南海北地與人閒聊：「要是在唐朝，我現在說的話就是普通話。瞧，李白、杜甫念詩，用的都是我們這種話。」

很多陝西人都這麼認為，「床前明月光，疑是地上霜；舉頭望明月，低頭思故鄉。」他們堅定地認為作者的原創是用陝西方言念出來，因為他們相信唐朝時，既然西安是「首都」，當時的「普通話」自然就是關中話。

講到這裡，我有些為難，都是鄰居，你要我告訴他們，我們說的關中方言和唐朝的「普通話」壓根兒沒有半點關係，對他們的打擊多大呀！但是不讓我說，實在是怕他們哪天又張狂地拿關中話念的唐詩，當作全國人民的典範，那我又要多不好意思呀！

鄉親們，唐朝的詩人未必都是長安人呀！也未必都講長安話。比方說李白，來自四川，論起他的老家，可是一竿子就戳到國外啦！還有杜甫，他是河南人；孟浩然，是個湖北人。難道這些人為了寫首「朝辭白帝彩雲間，千里江陵一日還」或「國破山河在，城春草木深」，還必須先學會長安話嗎？

如果不是這樣，難道當時這些詩人作詩都是南腔北調嗎？當然不是，唐朝也有「普通話」，但真的不是關中話。這就說來話長了，至少要把時間往前挪幾百年。當時還是司馬氏的天下，他們的「首都」是今天河南的洛陽，那時的普通話還是以洛陽話為基準的「洛下音」。後來，北方的一些游牧民族看上中原這塊風水寶地，再加上司馬氏家族不爭氣，整天窩裡反，內憂外患，洛陽就待不去了。他們想了個主意，拖家帶口地紛紛往南邊跑，跑到了今天的南京，在那裡搞出新朝廷，就是東晉。

這些從洛陽到南京的東晉士族們雖然是移民過去的，但和現在不一樣，南京的發展遠遠比不上洛陽，所以這些人就具有從中央到地方的優越感。他們依然說中原話，本地人呢？當然是吳儂軟語嘍！東晉是朝廷勢力，他們說的話在當時的吳人眼裡自然是官話，所以就會被學習、模仿。而這些朝廷勢力畢竟是到了吳人的地盤，不會自己圍個圈子孤獨地過日子，很快就開始與吳人通婚、做朋友。一、二百年過去了，他們的語言與當地的語言相互融合，形成一種新的語言，變成帶有洛下音的吳語。

隋朝統一天下時，自然會想到關於語言的統一問題，要不然滿朝文武有從南邊來的，也有從北邊來的，你一言、我一語，誰也聽不懂對方的話，要怎麼坐在一起工作呢？到底定哪一種語言為標準的「官話」呢？

當時首先有人提出來，當然是要恢復之前的洛下正音為標準。問題是，當時的洛下正音已經吳化了。那麼就以留在北方的洛下音為準吧！但北方音也被游牧民族胡化了。這個爭論僵持了好一陣子，最後終於確定，官話就以南去的一支洛下音為基礎，再參考留在洛陽本地的北音，確定了一種十分複雜的音系，就是後來的中古音。有個叫陸爽的人把這套音系寫成一本書，教大家學習這種語言，書名就叫《切韻》。

《切韻》一出版，得到官方的認可後，很快就在文化界得以推廣。同時，國家號召所有教育機構都用《切韻》為教材，要求全國各地的學生無論寫詩作文，都以此為標準，這才是當時詩人念詩的標準音。

如果對唐詩有一些了解就會知道，仄音裡有一個入聲，不同於現代漢語發音的任何一個聲調，非常短促，出生於北方的人根本不知道入聲如何發音，但這個發音卻在今天的吳音裡還能找得到。

在這裡，我非常心痛地告訴陝西鄉親們，大唐人民的唐詩，真的不是用關中話念出來的，人家用的是南方人那唱歌兒似的吳儂軟語，不是陝西人吼秦腔似的長安調。

別打我，我說的是實話。

這麼有學問的唐朝人，怎麼教出來的？

聽完前面說了關於唐朝人與唐詩的故事，是不是覺得他們真的很有文化，一個乳牙都沒換完的小丫頭，張口都能來幾首文謅謅的詩，好想打聽一下她的媽媽是怎麼教的呀？都報了哪些才藝班？平時都看什麼課外書？學校教些什麼課程呢？

我知道這讓你瞬間就對唐朝的教育模式感興趣了，是不是也想著照著那種培育種子選手的標準，培養一下你們家的小朋友，說不定將來也能成為大詩人、大文豪呢？沒有問題，現在就滿足一下你的小心願，帶著你到唐朝的課堂上看看，那時候的老爸、老媽是怎麼開始孩子的啟蒙教育。

教育，得從娃娃開始

我以前和閨蜜聊這個話題時，她的感慨特別多。她說：「唐朝的孩子很幸福，都不用上書法課，從小就用毛筆寫字；你再看他們，一上學就念《三字經》、《弟子規》、《百家姓》，而我們現在想要學這些，還得去參加國學班。」

可是你知道嗎？就算在唐朝，那些老爸、老媽想花錢讓娃娃們報名，但這些想學也學不到呀！因為這些都是唐朝以後才出現的兒童教育讀本，你要他們到哪兒學呢？

唐朝的娃娃們都學什麼呢？

最通用的讀本是《千字文》，這本書的成書時間是南北朝時期，離唐代不算特別遠。《千字文》收錄整整一千個漢字，被寫成韻文的形式，念起來非常好聽：「天地玄黃，宇宙洪荒。日月盈昃，辰宿列張……」我上學時，老師不教這個，二十多歲才補學了這些，比起唐朝那些剛上學的娃娃們，我真是差遠了呢。

還有一本書叫《急就章》，這是漢朝人編的書，作者叫史游。請注意啊！這裡說的「急就」不是醫院裡的「急救」，「急就」的大意是說，能讓孩子們很快掌握一些知識要領的意思，有點速成教材的味道。

《急就章》講了許多世上能經常接觸到的各種名物，例如衣服、動物、植物，還有人體的各種器官等。娃娃們根據這本書不僅能學到很多生活常識，還能認識許多字。

還有一本唐朝人編的教材《蒙求》，目的是讓娃娃們認字，而且編得很美。「王戎簡要，裴楷清通。孔明臥龍，呂望飛熊。楊震關西，丁寬易東。謝安高潔，王導公忠……」四個字一句的韻文，念起來琅琅上口，而且這本教材不僅教認字，還讓他們知道很多歷史典故。

與《蒙求》類似的還有《兔園冊》，也是唐代的啟蒙教材，同樣是用對偶的句子，以自問自答的方式，把經史知識深入淺出地教給娃娃們。因為內容非常淺顯，所以在唐朝幾乎家家都有一本。

說了這麼多種教材，怎麼聽上去都像是語文類的書，唐朝不教娃娃們數學嗎？前面說過，科舉制度以考文采為主，使得封建時期一直重文不重理。所以外國人坐在蘋果樹下，就能思索出地球引力；但中國的書生坐在樹下，可能只會寫首詩出來。

但這不表示除了語文以外，古代中國的課堂就不教別的。聽，唐朝的娃娃們已經開始背乘法口訣了。雖然科舉考的是文采，但基本的數學知識，大唐的教育絕不會鬆懈，不然連數字都不識，跑到京城那麼遠的路，想吃碗麵都不會和店家算錢，那該怎麼辦？

說到這裡，我又想起另一本教材《太公家教》，教孩子們規矩的書。比如「得人一牛，還人一馬。」「一日為師，終日為父；一日位君，終日為主。」還有「居必擇鄰，慕近良友。」「他籬莫越，他事莫知；他貧莫笑，他病莫欺。」全是做人的道理，很像現在的思想品德教材。

除此以外，還有一堂最重要的寫字課，就是閨蜜說的，他們從小就練毛筆字。這個沒有辦法，大唐沒有硬筆書法，想要寫字只有毛筆，他們從小就練，還有專門的練字帖：「上大人，丘乙己，化三千，七十士，爾小生，八九子，佳作仁，可知禮也。」這二十五個字被小朋友寫了上千年，一直寫到民國，寫到魯迅的年代。想起來了嗎？魯迅筆下有位「上大人孔乙己」，就是從這個帖子來的。清朝時因為非常崇拜孔老夫子，為了避諱名字裡的「丘」字，就把「丘乙己」改成「孔乙己」。現代人只記得魯迅筆下那位穿著長衫、站著喝酒的孔乙己，卻早就忘記這個教娃娃練字的字帖。

不過聽說最近有一位小學老師已經在提倡教娃娃們寫字，就從這二十五個字開始，雖然簡單，但基本上卻包含了漢字的所有筆畫。我拿起毛筆把二十五個字寫了一遍，有些字還真的寫不好，比如乙、九，還有也，寫得真難看。我在這方面，還真比不上唐朝的小朋友。

唐朝的學校

問題來了，唐朝小朋友都是從什麼時候開始學習這些教材呢？

唐朝小朋友上學的年紀沒有統一規定，家裡條件好的可能四、五歲就已經在背「天地玄黃，宇宙洪荒」；條件不好的，十幾歲、甚至幾十歲，大字都不認識幾個也大有人在。

唐朝沒有義務教育，家裡如果有讀書人，比如父親或兄長，就會主動承擔教小朋友讀書、識字的工作；如果家裡沒有這種人，就只能請家教。

唐朝的家教叫「西席」，《紅樓夢》也有這個詞，賈雨村就是林黛玉的「西席」。為什麼這樣稱呼呢？因為古代的人非常講究方位。比方說落座時，桌子面南背北，右手為上，坐的都是尊貴的客人。右邊就是西邊，老師來了，肯定是最受尊重的人，自然坐在西邊的席位。所以，「西席」這個名字，自然就歸他了。

但不是所有家庭都請得起西席，怎麼辦呢？沒有關係，唐朝有很多私立小學校，就是專門為這些請不起西席，但又想讀書的小朋友開設的。這些小學校大部分是一些特別有錢的家庭，出錢辦給族裡的子弟念書，也有一些是退休在家的官員創辦。這些學校分布在全國各地的鄉野，所以又叫「鄉學」，相當於現在的小學基礎教育，教的內容主要是前面提到的《千字文》、《兔園冊》等課程。

「小學」畢業後就該升「中學」，唐朝的「中學」目的性非常強，就是為了參加科舉。當時有很多在社會上非常有名的學者，他們會專門開設這種科舉輔導班，在當時非常盛行。

這些私人開設的科舉輔導班，最有名的當屬韓愈大學子辦的學校，據說凡是經他指點的學生，往往大有前途，而當時的年輕人都以成為「韓門弟子」而感到無上榮耀。與韓愈一樣有名的還有柳宗元，讀書時學過他的「千山鳥飛絕，萬徑人蹤滅；孤舟蓑笠翁，獨釣寒江雪。」他還是位出色的人才培育老師，你恐怕沒聽過吧？柳宗元當官當得不順，皇帝不喜歡他，把他從京城貶到柳州後，他就開始了人才培育事業。經他培訓的學生，最後「必為名士」，由此可見這位老師的厲害。

說了這麼多，難道唐朝的教育都是由這些私人學校承擔嗎？當然不是，唐代政府官辦的學校也相當厲害，卻不是所有人都能進去。

比如「國子學」，絕對是個靠爸的學校，你們家老爺子一定要有相當於三品以上的官級，才能進得了這種學校。這是標準的貴族學校，普通家庭的孩子沒有機會就讀。

還有一種學校叫「太學」，等級略低於國子學，基本要五品官級家的孩子才可以上這樣的學校。

總算有一個可以讓普通老百姓上學的地方，叫做「四門學」。除了一些低等官員家的孩子外，也收一些普通百姓家的孩子。但是，這些孩子可不是一般的孩子，必須德才出眾，才有可能入學。

除了這三類學校，唐朝政府還辦了些專業性非常強的學校。有一所是「書學」，專門教習書法；有一所是「算學」，《孫子兵法》、《九章》、《五經算》都是這個學校學習的教材，有點理科學校的意思；再有一個「律學」，以學律令為主。這幾類學校招收的學生人數不多，招生對象也是一些低級官員與普通百姓家的孩子，但對於招收條件就會比較嚴格，至少要對所學的專業有一點基礎與愛好才行。

上面提到的這六類，都是當時唐朝官辦的學校，叫「六學」。基本上都是為了替國家培養官場上的人才而開設的，但世上當官的人必定只占少數，其他行業也很缺人才呀！所以，打從唐朝時期，就已經有職業教育了。

比方說太醫署教人醫學；太樂署教人音律；教坊教人唱歌、跳舞；太僕寺專門培養獸醫；司天臺培養天文專家；少府寺專門教人手工製作。

總之，唐朝是個教育非常發達、學校遍地開花的時代，最重要的是，唐代上學相對來說比較簡單，不用買學區房，也沒有額外的費用，恭恭敬敬地帶一份束脩，交到老師面前，老師就很開心啦！

束脩值多少錢呢？因人而異，據說也有一斤臘牛肉就搞定了，報名還不用抽籤，多開心呀！

想考狀元？哪有那麼容易

「十年寒窗無人問，一舉成名天下知。」無論哪一個從背「天地玄黃，宇宙洪荒」開始進入漫漫讀書之旅的小朋友，心裡都懷著一個狀元及第的夢。「學而優則仕」是古代讀書人唯一的選擇，你看范進五十幾歲了，聽到自己考中後都樂瘋了，為什麼？因為考一輩子了。他們這些人活著的唯一目標，就是在科舉場上考個功名。

功名好考嗎？

電視劇裡似乎非常容易，常有這樣的劇情，一對年輕的男女愛得火熱時，男生說：「等我考了功名就回來娶你。」女生脈脈含情：「我等你騎著高頭大馬，胸前戴著紅花回來。」然後在家裡吃盡苦頭，正要活不下去時，男生就真的中狀元回來了。這種劇情常給人一種感覺，好像上了京、趕了考，就能考中狀元似的。

狀元真的那麼好中嗎？來看看一個大唐書生的科舉之路，你就知道電視劇的劇情往往都靠不住。

先介紹一下唐朝的科舉制度吧！

前面說過科舉制度是從隋朝開始，科舉就是以科目選拔人才的意思。唐朝時，可以考的科目有二十多種，不過我們平時知道最多的還是秀才、明經和進士。

「秀才」這個詞最常聽到，現在稍微有點學識的人，就有人開玩笑說他是個「秀才」。但大唐時期，考個秀才可是非常不容易的事。不僅要學識淵博，文章還要寫得漂亮，考試內容涉獵的範圍非常廣。要是考不及格，完了，保送這個人來參加考試的地方官員可要倒楣了，會有連帶責任。所以，後來推薦秀才的人愈來愈少，導致大唐開年不久，就把秀才這一科取消了。

再來說明經科，知道這個的人不多，但大唐的確有。主要是考貼文、經義和時務策。考試形式非常有意思，把一段經文貼掉上半部和下半部，只留中間幾行字，參加考試的人要根據這幾行字，把去掉的經文全都補起來，基本上相當於考背誦能力。如果覺得太簡單，那就再對經義做個理解與闡釋吧！但就算是這樣也很好準備，只要記性好，大不了把那些經書背熟，應付這一科的考試還是沒有問題。

現在來說大家關心的進士。

考進士除了要把明經的所有內容考完以外，接下來就要考文采了。詩文要做得漂亮，不僅文辭要考究，還要有一定的思想性、理論性與精神高度，既要會引經據典，還要懂時政要聞；既要上知五百年、下曉一千年，還要對世上的各種名物瞭若指掌；不僅要有好的文學修養，還要有高尚的情操，與眾不同的審美情趣，愛民如子的情懷，這些都要體現在你的詩文裡。但好文章不是一、兩年的功夫就能練出來，有一句話說：「三十老明經，五十少進士。」意思是說三十歲考個明經都算老了，但若是五十歲中個進士，還算很年輕呢！可見進士比明經難考多了。

參加科舉考試的具體流程是什麼呢？

和現在電視上的比賽一樣，是由海選開始的漫長而艱難的過程。現在，假設你是一位默默苦讀十年之久的年輕學子，考中狀元是人生的唯一目標。你知道國家每年都有科舉，每年都想報名，但你的老師總是搖頭說：「你的本事還沒學到家呢！」終於有一天，他點頭說：「孩子，你可以出師啦！」

「我現在就回家收拾行李，上京趕考。」你高興到恨不能瞬間就飛到長安，中個狀元回來。

等等，年輕人，關於參加科舉，可是條漫長的路，要一步一步地走。

首先，要先參加地方上的海選，這叫「鄉試」。一般都是每年秋天在地方上舉行，所以這種考試又有個名字叫「秋闈」。合格後，就是你們當地的「鄉貢進士」啦！當然如果你是學霸，鄉試考第一名，那就是你們當地的「解元」，也叫「解首」，這已經很光榮了。

通過鄉試後，你就有機會進入全國考試。不過中間還有許多流程，首先地方官要把你在鄉試裡的成績和考卷報到朝廷，有專門管理教育與人才選拔的尚書省管理這些事。尚書省審核後覺得沒有問題，給個批覆，也就是同意你這位年輕人參加科舉。接下來，你們地方上才趕緊派人帶上報名表和報名費，再到尚書省幫你報名，然而這已經是冬天的事情了。

尚書省底下有個禮部，專門負責考試的部門。第二年春天，就對你們這一批鄉貢進行正式的「省考」了。不是省級考試的意思，是由尚書省主持，所以才叫省考。通常都在春天舉行，所以又叫「春闈」。

天剛亮時，你就進考場，從考經貼文，到考經義，再到寫策論和詩文，一直考到半夜，三根蠟燭都用完了，主考官終於宣布收卷——考試結束了。

從考完試到放榜的這段時間，你可以好好逛一逛長安的花花世界，只要文章寫得好，不用四處打點，放榜那天，你的大名就真的會出現在大紅榜上。能上紅榜的都是進士，但狀元卻只有一個，就是第一名，會不會是你，就要看你的本事了。不過就算沒考中狀元也沒關係，進士及第已經非常不錯了。只要能中進士，就可以盡情高興了。

不過高興歸高興，有件事情還是要提醒你。就算在唐朝中狀元，你未必能馬上當官。如果想做官，還得有一個部門會對你考試，就是「吏部試」。這是尚書省底下的一個部門，他們會對你進行面試，這叫「察以身」，看你的長相與言談舉止是不是符合一名大唐官員的標準；面試完了還要筆試，這叫「觀其書」，既看你寫的字漂不漂亮，還要看你寫的文章夠不夠精采。當然，最重要的是從你的文章中，看你的思路是否清晰，境界是否高尚，有沒有正確的是非觀。一切審核完畢，確認沒有問題，現在可以脫下你的老百姓衣服啦！有人會拿一套官服給你，趕緊換上吧！這叫做「釋褐」，褐就是粗布衣服。表示你以後再也不用穿普通老百姓的粗布衣服了，你已經當官啦！

你可要好好珍惜這身得來不易的官服呀！努力做個不負眾望的好官，畢竟不是所有和你一起念過「天地玄黃，宇宙洪荒」的小朋友都能有這一天。縱然是那些與你一起過五關、斬六將中進士的夥伴，也不是人人都能做得了官。

醫療衛生篇

人吃五穀雜糧，哪有不生病的

「有什麼，千萬別有病；沒什麼，千萬別沒錢。」這話只有在家裡有人住院時，才感受得最真切。

原先沒有醫療衛生這一篇，可經過家中有人生病，突然覺得有必要讓讀者了解大唐人民當時的醫療狀況。

唐朝人的「時代病」

不管唐朝人、宋朝人，還是二十一世紀的人，只要是人，人吃五穀雜糧，就有可能生病。不過說起來也奇怪，雖然都是病，有些病在某一個時代可能會威脅到人類的生命健康，但換個時代就不一定了。比方說往前推五、六十年，那時的中國人還在溫飽線上掙扎，不存在三高問題，工作壓力也沒有那麼大，沒聽說過過勞死，但當時的肺結核卻是致命的疾病；還有糖尿病，只要患上等於宣告等死。

但現在不一樣了，對現代人健康威脅最大的，怕是屬於心血管和腦血管疾病了吧？電視上整天各種預防廣告，時時刻刻提醒人們這些病已經成為現代人生命健康的第一大隱患，而肺結核、糖尿病卻早就可以被控制和治療了。

回到一千年以前，威脅大唐人民生命健康的疾病有哪些呢？回答以前，先來學習一下唐朝朋友圈流行的一封「連環信」，其中一段內容：

菩薩說今年八月九日太山崩，須九百億，亦須九千億牛。第一患死，第二卒（猝）死，第三生產死，第四不持齋死，第五腸肚熱死，第六自絞死。今年禾豆熟恐無人收，度今年即好，信者寫一通免身，寫二通免闔家，寫三通免一村。若聞不寫即滅門。

這是從敦煌文書中抄出來的一篇經文，別誤會，這不是從印度傳進來的，而是大唐人民自創的一種勸善經文，號召大家都要傳抄，如果不傳抄，小則自己和家裡的人要遭殃；大則全村人都不得安生。這和現代人流行「若是不轉發此條連結就怎樣」的貼文非常相像。

當然我不是要傳這封「連環信」，信不重要，重要的是裡面提到了幾種病，例如卒死、生產死，看起來應該都是唐朝人最害怕的病，不然也不會被寫到這部手抄經。

什麼是卒死呢？

南北朝的大醫學家陶弘景寫了《輔行訣臟腑用藥法要》，裡面提到卒死症：「中惡卒死者，皆臟氣被壅，致令內外隔絕所致也。」意思是說，人的那一口氣好像突然被堵塞住，各個器官都不能正常工作。其實和現在突發的心血管、腦血管疾病十分相似。看起來這個病自古以來就有，即便是一千年以前的大唐人民，也會被這種病困擾。

接下來說說生產死，這是女人才會得的病。

古代的醫療條件很差，女人生孩子簡直就是直接和死神搏鬥，不然怎麼會說「人生人嚇死人」呢？很多婦女由於醫療衛生條件差而在生孩子時喪命。南北朝時期，有個叫陳延之的醫學家寫了《小品方》，裡面說：「夫（生產）死者皆有三日也，故使婦人產，下地坐草，法如就死也……」看見沒有，那個時候的女人生孩子，真的是做好要赴刑場的準備。

其實在唐朝，對老百姓健康威脅最大的還是流行的傳染病。傳染病有很多種，最常見的就是瘧疾。

現在好像不常聽到瘧疾了，但在古代卻是一種常見的病，一旦染上，不僅有生命危險，而且還可能傳染給其他人，所以死亡率和威脅度都相當高。

和瘧疾同屬於傳染性疾病的還有天行病，前期的症狀是腹瀉、嘔吐、發燒，當時沒有成藥，病情難以遏制，很容易致命。

另一種傳染病叫赤白痢，最明顯的症狀是患者的糞便會夾雜血液和膿液，也就是現在常說的中毒性痢疾。雖然現在好像不是什麼要命的病，但在古代，一旦感染就很難治癒，所以被列為威脅大唐百姓健康的殺手之一。

最後再介紹一種腫病。

你可能覺得不就是腫，會要人命嗎？那你一定太晚出生，如果回家問問爸媽或爺爺、奶奶，他們肯定會告訴你，中國二十世紀六〇年代，很多地方的人還會得腫病，身上的皮膚一壓就出現一個坑，好像變胖似的，其實就是水腫病。

水腫病的病因很多，腎炎、尿毒症、肝硬化、蕁麻疹等都有可能引起全身水腫。如果無法取得很好的控制與治療，真的會出人命。

除了上面介紹的這些，還有像風黃病症、血癰症、患腹症等，都是大唐常見的疾病，並且時時刻刻威脅著大唐百姓的健康和生命。

那麼，用什麼保護人民的生命健康呢？放心，唐朝的醫療機構已經非常健全了。

接下來，我們一起了解一下吧！

沒有醫療保健的日子，去哪裡看病？

應該這麼說，生活在唐朝的老百姓，其實還算非常幸運，因為從這個時期開始，出現全國性官辦醫療機構，可謂史無前例。

唐朝的醫療機構主要由三大系統組成：一個是太醫署，負責全國的醫務和醫學教育的機構，服務對象主要是官員。當然，那些為朝廷服務的禁軍或宮女，也在太醫署的服務範圍內。除此以外，一旦國家發生重大疫情，太醫署的官員也要下基層為老百姓服務。

另一系統是殿中省尚書局，這是皇帝御用的醫療機構，老百姓沾不上邊。還有一個藥藏局，專為太子服務，也和老百姓沒什麼關係。

這三大系統構成唐朝的中央醫療機構，各個地區也有官辦的醫療組織，這些組織分別由醫博士、助教和醫學生組成。別誤會，醫博士不是現在那些坐在醫學院裡，戴著眼鏡讀書的學生，他們是朝廷在各州設置負責醫療工作的官員，助教則是配合他們工作，而醫學生就像他帶的研究生一樣，一邊跟著醫博士學習替病人看病，一邊在看病過程中鍛鍊、提升技術。

醫博士和醫學生加起來的人數總是有限，以太原府來說，當時的配置情況是：醫博士一名，助教一名，學生二十名，哪能滿足老百姓求醫的需要呢？

別急，千萬不要發愁，大唐的醫療福利機構遠不只這些。「養病坊」的出現完美地填補了這個不足，而且自唐代以來，一直長盛不衰。

什麼是養病坊呢？說得通俗一點，就是大唐政府為根本看不起病的老百姓設立的福利醫院。這些醫院有一個共同特點，就是都開在寺院，而這些醫院的管理人員和醫護人員，大部分也是由出家人擔任。

養病坊是什麼時候開始有的呢？

有一本書叫《續高僧傳》，記錄一個叫智嚴的出家人，老了以後住在石頭城一個叫癘人坊的地方。他一邊講經說法，一邊救助住在這裡的病人，最終也在這裡圓寂。

這是貞觀年間的事情，據學者們研究，癘人坊是一個專門供痲瘋病人養病的地方，其實和養病坊的性質比較接近。

而和真正的養病坊有關的故事，記載在《太平廣記》。武則天時期，長安有一個叫洪昉的出家人，在寺院闢出一塊空地，建立養病坊，「常養病者數百人」。這件事讓武則天知道了，倍受感動，於是開始由政府出錢，興辦悲田養病坊，收留很多看不起病的窮人，甚至還有乞丐。

到開元以後，悲田養病坊開始推行到各州各縣，讓很多窮苦百姓開始有病可醫，再也不用為生病發愁。

你現在一定很關心去養病坊看病會不會很貴呢？應該這麼說，養病坊是窮人的醫院，基本上屬於國家福利性質，經濟來源是靠政府補貼，所用的物品由國家供給，因此病人不需要承擔龐大的醫療費用。

這樣聽起來有沒有讓人心生羨慕呢？

要當好醫生，不學習可是不行的

養病坊雖然能夠為大唐百姓提供一定的醫療福利，但是有一點，這些養病坊大多設在寺院，醫護人員和管理人員都是由出家人擔任，他們對醫學多少有些了解。但真正科班出身的醫生，卻要老老實實地去讀「醫科大」——唐朝的太醫署。

太醫署算得上是唐朝最高的醫學學府了，在這裡求學，你必須先選好專業，每個專業會有不同的「導師」授課，比如醫博士，他主教的內科、外科、兒科、眼科、耳鼻喉科和拔罐科。

最難學的當屬內科，學制七年；外科和兒科學制五年；眼科、耳鼻喉科和拔罐基本上兩年就可以出師。

而針博士主要是教針灸，針灸是中國醫學的精華所在，幾根又細又小的銀針，只要找對穴位，什麼毛病都能解決。但這個本事不好學，萬一沒對準穴位，一針扎下去搞不好就會出問題。

還有一個按摩博士，他是教人透過按摩人體穴位的方式來治療疾病，和現在三溫暖按摩小姐的那一套完全不一樣。學會按摩博士的功夫，用處非常多，比方說要是有跌打扭傷，肯定可以手到病除。

還有一個禁咒博士，聽起來有點玄，因為他是靠念咒語替人解除病痛。這是道家的本領，不是我這等俗門子弟一、兩句話就能說清楚。不過道家與醫家歷來相通，有些民間疾病都是靠道術的丹藥治癒，可見禁咒博士的本領也不是虛傳。

想要在太醫署做一名合格學生，需要學習很多醫學書籍，最基本的是《神農本草經》、《黃帝內經素問》、《脈經》和《甲乙經》。

《神農本草經》是漢代的醫書，記載三百多種中草藥的用法與療效，據說是嘗百草的神農氏傳下來的，一開始只在醫藥界口口相傳，到了漢代才集結成書。這本書別說是唐朝的醫科學生，就是到了今天，研究中醫的人都還在學習呢！

聽名字就知道，《黃帝內經素問》是中國的老祖宗黃帝創作的，當然這只是傳說。這本書真正的成書年代應該在春秋時期，是中國最早的中醫理論著作。

中醫講究望聞問切，而切脈又最不可少，所以想在唐朝當名好醫生，《脈經》非學不可。不僅對人體各種脈象做了具體描述，更收集、整理很多診脈方法、脈象反應的病理等重要文獻資料，是一本很有價值的中醫學著作。

最後說一下《甲乙經》，全名叫《黃帝三部針灸甲乙經》。這下全明白了，這是一本講針灸學的書。聽起來好像又是中國老祖宗黃帝所創作，但其實這也是傳說，這本書的成書時間大約在曹魏時期，但也算得上是一部古老的醫書。

問題來了，是不是想要學習這些醫學著作，就必須上太醫署呢？答案是未必。

有句話說高手歷來在民間，尤其是中醫學，有很多家族世代學醫，爸爸教兒子，兒子教兒子的兒子，他們的醫術水準一點都不比皇上身邊的御醫差。還有很多人雖然沒有出生在醫學世家，但卻機緣巧合地自學成材，著名的孫思邈就是個例子。

孫思邈屬於典型的久病成醫，用他的話說，他小時候身體不好，家裡為了讓他看病，花了很多錢，後來實在付不出醫藥費，他就自己琢磨替自己開方子、試草藥，結果慢慢把自己培養成一位藥王。孫思邈寫了一部醫學鉅著《千金要方》，被譽為第一部臨床醫學的百科全書，在世界醫學史上很有影響力。

唐朝還有很多像孫思邈這種自學成材的醫學家。

有一位名叫甄權的醫學家，他活了一〇三歲，是大唐壽命最長的一位醫學家。大概與他的養生之道有關，就連唐太宗都曾親自登門，向他請教養生之道。不過，他最大的成就其實是在針灸方面，他撰寫的《脈經》、《針方》對後來的醫學影響非常大。

另有一位王燾，說起來他原本還是個當官的，但仕途不順，被貶到南方。那時的南方比不上長安的繁華之地，尤其缺醫少藥，當地的百姓求醫問藥非常麻煩。於是這位父母官就憑著自己積累的醫學常識，到處查找資料，終於寫出了一部非常了不起的醫學鉅著——《外臺祕要》。收錄約六千九百多種實用的藥方，這是個了不起的功業，所以直到今天，這本書在醫藥界還備受推崇。

病要治，更要防

介紹對唐朝百姓生命健康造成重大威脅的一些疾病時，提到最多的就是傳染病。不僅是唐朝的老百姓，其實不管什麼時候，只要提到傳染病，誰聽了都害怕。前兩天約一個朋友喝茶，她來的時候竟然帶著十歲的小女兒。那天是週二，正是孩子上課的時間，我很納悶怎麼把女兒帶出來了。她擔憂地說：「學校有人中了流感，怕孩子被傳染了。」

你看，一個小小的流感，我的朋友就擔心成這樣，更何況那些有可能要人命的傳染病。不知道你對ＳＡＲＳ和新冠肺炎是否餘悸猶存？疫情之下，好多人連班都不上了，整天手裡拎著酒精，走哪噴哪，好像所有東西都帶著病菌一樣。這也難怪，疫情猛於虎，可能會要人命。

那些躲都躲不掉的「疫」

其實說起來，傳染病一直都是歷朝歷代政府心裡的陰影，大唐也不例外。千萬不要以為一場疫情造成的結果，不過是丟失一些生命這麼簡單（當然，這本身已經不是小事）。如果疫情無法控制，小則直接危害老百姓的生命安全；大則社會的安定和經濟的發展會受到很大的影響。不用看唐朝，SARS和新冠肺炎就是典型的例子。除了賣口罩和酒精以外，很多商家都關門不做生意，街道上冷冷清清。每天人心惶惶，誰還有心思進行經濟建設啊！

好在我活了幾十年，就遇到這兩次。不過如果時間往回倒推一千多年，唐朝的疫情可是時不時就會鬧一次。翻開《新唐書》和《舊唐書》，隨便摘錄幾段，就能看出來大唐疫情發生的頻率：

貞觀十年（西元六三六年）關內河東大疫；

貞觀十五年（西元六四一年）三月澤州疫；

貞觀十六年（西元六四二年）夏谷涇徐戴虢五州疫；

貞觀十七年（西元六四三年）夏，潭、濠、廬三州疫；

貞觀十八年（西元六四四年）廬、濠、巴、善、郴五州疫；

貞觀二十二年（西元六四八年）卿州大疫；

永徽六年（西元六五五年）三月楚州大疫；

永淳元年（西元六八二年）六月關中初雨，麥苗澇損，後旱，京兆、岐、隴螟蝗食苗並盡，加以民多疫癘，死者枕籍於路，詔所在官司埋瘞；

垂拱三年（西元六八七年）是春，自京師至山東疫疾，民死者眾；

景龍元年（西元七〇七年）夏，自京師至山東、河北疫死者千數；

寶應元年（西元七六二年）江東大疫，死者過半；

廣德元年（西元七六三年）是歲，江東大疫，死者過半；

貞元五年（西元七八九年）是夏，淮南、浙東、浙西、福建等道旱，井泉多涸，人渴乏，疫死者眾。

看這個記載，疫情發生的頻率非常高，幾乎每過幾年就會有一次，要嘛「死者眾」，要嘛「死者千數」，聽起來實在非常嚇人。再看看每次疫情發生的區域，幾乎都會遍及好幾個州府。可以想像，當時的老百姓真的是受夠了疫情之苦。

為什麼這些疫情會頻繁發生呢？和當時的自然條件與社會狀況直接相關。

有句話說：「大災之後必有大疫。」古代的人們對自然災害的預防與控制能力比較薄弱，所以自然災害很多，例如蟲災、水災、旱災後，自然環境受到破壞，病菌馬上見縫插針地開始禍害起來。

戰爭也是造成疫情的一大重要原因。古代打仗經常都是長途跋涉，往往從南方行軍到北方，或者由北方行軍到南方，氣候變化常常讓部隊裡的士兵身體不適，也就是水土不服，容易滋生病菌，導致疫情發生。

當然除了這些，當時人們的衛生習慣、飲食習慣與居住環境也是造成疫情大面積氾濫的原因。那麼面對疫情，政府會採取哪些措施來預防和控制呢？

那些來自朝廷的關懷

疫情這麼嚴重，過幾年就來一次，看著老百姓受苦，誰最著急呢？皇帝，他的心裡其實比誰都著急。

唐玄宗李隆基是一個把老百姓健康時時刻刻掛在心上的好皇帝，他知道民間疫情嚴重，於是親自設計配方「廣濟方」，專門應對疫情防控的方子。他把這個方子下發到全國各地，讓老百姓按這個方子防疫。

可是方子發下去後，唐玄宗還覺得不放心，萬一有人看不到，或者看到後又忘了怎麼辦？於是他又下了一道詔書：

朕頃者所撰《廣濟方》，救人疾患，頒行已久，計傳習亦多，猶慮單貧之家，未能繕寫。閭閻之內，或有不知。倘醫療之時，因致橫夭，性命之際，寧忘惻隱。宜命郡縣長官，就《廣濟方》中逐要者，於大板上件錄，當村坊要路榜示。仍委採訪使勾當，無令脫錯。

意思是說，為了能讓更多人看到廣濟方和記住它，無論是鄉間還是城市，各地的官員要把這個方子刻在路旁的木板上，以便時時刻刻提醒老百姓防疫。

你看，還真的是為老百姓操碎了心的好皇帝。

像唐玄宗這樣關心疫情的好皇帝不只一個，文宗皇帝也非常重視傳染病的防控工作，特別是疫情嚴重地區老百姓的生活，送醫送藥，下詔書減免戶稅，並下詔要求地方官員妥善處理無人收管的屍體，防止再次傳染。

除了這些細微的關懷以外，想要更好地預防疫情發生，其實更有效的辦法，還是對醫學常識的普及和教育。這一點，大唐皇帝也想到了，再來看一條唐玄宗的詔書：

開元十一年七月，諸州置醫學博士敕。敕，神農辨草，以療人疾，岐伯品藥，以輔人命，朕全覽古方，永念黎庶，或營衛內壅，或寒暑外攻。因而不救，良可難息。自今遠路僻州，醫術全無，下人疾苦，將何恃賴？宜令天下諸州，各置職事醫學博士一員。

什麼意思呢？就是說，老百姓的健康問題實在讓皇帝感到非常擔憂，於是便在各州設立醫學博士一名，藉此促進該地區的醫療衛生工作。

前面提過醫學博士，他帶著一個助手和一、二十名醫學生，組成當時官辦的地方醫療機構，承擔各地區的醫療教育工作，當然，同時也承擔著傳染疾病的防控工作。

講到這裡，忽然想起智嚴和尚。他當時住在癘人坊，其實就是隔離痲瘋病人的醫院。這是大唐政府對傳染病防控的一種手段——將傳染病人隔離治療。不用說，這當然對預防病情的蔓延與擴散，有著積極的作用。

而從《高僧傳》的另一則故事，還能看到這種隔離醫院的入住方式和供給：

收養癘疾，男女別坊，四時供承，務令周給。

意思是說，被隔離在這些醫院的傳染病人，男女要分開入住，病坊會按時提供飲食和藥物給他們。

傳染病要治，更要防患於未然

有句話說：「禍從口出，病從口入。」這個道理其實在唐朝時就意識到了。關於疫情，他們早就想到，除了醫藥的防控外，養成良好的生活習慣也至關重要。唐初一位叫巢元方的醫學家寫過一本醫書《諸病源候論》，當中就提出飲食衛生的概念，指出人們食用正常的肉類食品不會有問題，但一定不要吃那些患傳染病死亡或吃了毒草死亡的動物，否則也會感染病毒，導致死亡。另外孫思邈的《千金要方》還提到關於水淨化處理的問題，這個辦法其實非常簡單，就是將配好的藥材沉入井中，藉此發揮改善水質、防控疾病的作用。他說：

一人飲，一家無疫；一家飲，一里無疫。飲藥酒得，三朝還滓置井中，能仍歲飲，可世無病。當家內外有井，皆悉著藥，辟溫氣也。

這是這位醫學家從醫學角度提出的水治理措施，同時，孫思邈還提出了居住環境和人類健康的關係。他說：

必在人野相近，心遠地偏，背山臨水，氣候高爽，土地良沃，泉水清美，如此得十畝平坦處便可構居。

其實就是指居住環境對人身體健康的影響，背山臨水，氣候高爽，不正是現代人嚮往的田園生活嗎？人少，汙染小，空氣又好，病菌自然就少，當然有利於健康。

但總有一些人不可能離開城市去鄉村生活，而且城市要發展，也不可能把人口全都遷居到鄉村，所以城市的環境衛生就不能忽視了。特別是城市的排汙工作，一定要做好，否則病菌就有可能從中滋生，影響人們的健康。

所以唐朝時期，率先有一條法律規定，在城市裡一定要注意環境衛生，誰家亂倒垃圾、亂排汙，就要挨板子。不信可以翻翻《唐律疏議》，裡面有一條規定：

其穿垣出穢汙者，杖六十；出水者，勿論。主司不禁，與同罪。

看到沒有，亂丟垃圾真的要挨板子。好吧！就算垃圾可以自行處理，生活中的汙水應該排放到哪呢？別煩惱，大唐的地下排汙工程其實已經相當到位，完全可以解決這個問題。雖然我們現在已經不可能看到當時的整體情況，但從西安的一些唐朝遺址上還能看出當時的狀況：西安市東門外中興路一帶，曾出土唐代的排放生活汙水與雨水的地下水道；大唐西市遺址也有完整的地下排汙管道。這些或許可以說明，唐朝的地下排汙設施已經相當完備了。

大唐西市遺址，可以看到當時的地下排水系統已經形成

出行購物篇

走，出門逛街去

關於唐朝的故事，講到這裡基本就差不多了。窗外有鳥兒在唱歌，像是在說太陽底下的空氣怎麼這麼好，讓人心情愉悅。

既然這樣，我們也出去逛一逛。一直說要帶你們到長安城看看熱鬧，必須兌現這個承諾呀！等一下，突然想到一件事，假如你真的想回到唐朝的長安逛街，還是要做些準備。

「你吃了嗎？」No，No，大唐不流行問這個

出門逛街前，我總要先教你幾個基本的社交禮儀，不然見人就問：「你吃了嗎？」當然不適合。縱然你向別人揮揮手，俏皮地閃著你的大眼睛來句非常撩人的「嗨」，大唐人民也不知道你說什麼呀！所以出門前，還是先惡補一節必要的社交禮儀課吧！

先說說見面禮。

現代人見面喜歡握手，這原本是外國人的禮儀，辛亥革命後才在中國興起，用來代替見面就下跪的封建禮儀。但其實中國也有很多很好的見面禮，未必都像跪拜這樣既封建又麻煩，比如叉手禮。

叉手禮興起時間比較早，大概漢朝就有了。不過在大唐，一般人見面，還是喜歡雙手交叉在胸前打招呼，通常是身分低的向身分高的人行禮。比方說，你走在街上，遇到鄰居的張二叔，不用大動干戈地就地跪下磕三個響頭，這樣可能會引起圍觀，張二叔也會覺得十分尷尬；不如雙手叉於胸前行個叉手禮，張二叔就會誇你是個好孩子了。

但如果到了公司，面對你的老闆，叉手禮就略顯有些不足了。這時要學習另一種禮儀「唱諾」，就是兩手恭恭敬敬地合抱於胸前，同時低聲唱個「諾」字。這種禮儀興起於晉朝，但到了唐朝依然盛行，一定要學會呀！不然見到上司大大咧咧，小心他會不高興。

唐朝最隆重的禮儀就是跪拜禮。

古代的人沒有凳子，都是席地而坐，膝蓋著地，屁股坐在腳後跟。現在看起來已經是「跪」的姿勢了，但是古代時，這才是標準的坐姿。而屁股離開腳後跟，把腰挺直起來，那才是跪。

至於「跪拜」的形式可就各式各樣了。

比如頓首拜，有時會在電視上見到，跪在地上，雙手放於額頭上，慢慢俯下身體。叩頭時，頭放在手上的稱為「頓首拜」；還有一種「稽首拜」，直接用頭著地。這些都是大禮，非重要場合不用這麼興師動眾。即使是重要場合，這麼興師動眾地行禮，也是男人們的事，唐朝女人不用這樣行大禮。可能是因為唐朝出了一位女皇帝的原因吧！她非常了解女人梳頭髮有多不容易，一會兒下跪，一會兒磕頭，一不小心就把好不容易梳起來的頭髮弄亂了。所以唐朝的女人行禮，方便跪的時候跪，作揖就可以；如果不方便跪就不跪了，拱手、彎腰鞠躬也行。

好了，說完見面禮，再來說說開場白。如果在馬路上遇到帥哥或美女，該怎麼搭訕呢？總不能吹個口哨就算攀上關係吧？

什麼，你說直接叫「帥哥」?!這主意是不錯，只可惜我怕大唐小夥子聽不懂。那就叫「相公」?!別鬧了，唐朝的「相公」是專屬名詞，可是指當朝宰相一級的大人物，你在馬路上隨隨便便叫一個帥哥「相公」，你敢叫，他也不敢答應呀！

大唐對男子一般的稱呼是「郎」，同事之間可以叫「郎」；夫妻之間可以稱親愛的「郎」；就連僕人，都可以稱自家主人「郎」，只是叫法略有不同罷了。

如果今天上街遇到鄰居家的一位「郎」，這位鄰居姓李，在家排行老三，你可以叫他「李三郎」。你和李三郎說話時，西邊走來對面的鄰居，姓張，排行十一，你就叫他張十一郎，這樣叫一定不會錯。

這種叫「郎」的形式一般都是同事或朋友間的稱呼，如果張十一郎後面跟著一個老僕人，你聽他叫十一郎，可能就變成「郎主」了，帶有幾分尊重的意思。

張十一郎最近出遠門剛回來，在外面遇到一些新奇的事，所以你們聊得非常起勁，你老婆等得有些不耐煩了，就催促說：「四郎，時間差不多了。」

是不是覺得有點奇怪？為什麼她不叫你「郎君」更親切呢？因為「郎君」這個詞在唐朝另有所指，專門指那些貴家子弟。你老婆叫你「四郎」，那才是帶著幾分親暱味道，因為你在家裡排行老四。楊玉環叫李隆基就是這種叫法，雖然兩人差了好幾十歲，但還是叫他「三郎」，聽起來多親密，這就不用解釋了，大家都知道李隆基在家裡排行老三。

一聽老婆叫你「四郎」，心裡頓時像灌了蜜一樣，拱手向張十一郎和李三郎告辭，轉向老婆說：「走吧，娘子！」

不，千萬別鬧。在唐朝千萬不要叫老婆「娘子」，她聽了會不高興。你可以對大唐街道上任何一個年輕美女稱「娘子」（包括伎），但一定不要這樣稱呼你老婆，她會覺得在你眼裡，她和大街上那些女人沒什麼分別。

那麼該如何稱呼「老婆」呢？

我看就叫老婆吧！這個不會錯，別以為「老公」、「老婆」這種稱呼是現代人的專利，其實早在唐朝就有人這麼叫過啦！

據說唐朝有一個叫麥愛新的讀書人，考中功名後想停妻再娶，但又不好意思開口，於是寫了副對聯：「荷敗蓮殘，落葉歸根成老藕。」他的妻子看到後，猜出丈夫嫌自己老了，便提筆續寫下聯：「禾黃稻熟，吹糠見米現新糧。」麥愛新一看，原來家裡有大才女，而且這對聯寫得情真意切，自己怎麼好意思找小三？便主動向妻子認錯。妻子也沒說什麼，又寫了條：「老公十分公道。」麥愛新也揮筆續寫下聯：「老婆一片婆心。」

從這以後，大唐的夫妻之間，老公、老婆的叫法就流行開了。所以你叫親愛的「老婆」一點都不奇怪，她心裡高興著呢！

開車？坐轎？還是騎馬夠威風！

關於在唐朝出門時要注意的幾點禮儀算是惡補完了，現在收拾一下準備出門吧！

唐朝出門不用開車，當然也不用擠公車和捷運。那麼，我們應該選擇哪種出行方式呢？別急，聽我一樣一樣介紹。

唐朝最時尚的出行方式是騎馬，能在唐朝擁有一匹好馬，就和今天開著一輛跑車上班的心情幾乎一樣。

唐朝人騎馬不分男女，就像現在的司機不分男女一樣。「虢國夫人承主恩，平明騎馬入宮門。」那麼時尚、那麼愛漂亮的貴婦虢國夫人出門都騎馬，可見這在當時的確是一種風尚。

騎馬本來不是大漢民族的風尚，漢武帝時期從西域引進天馬，雖然很像寶物，但都是用來打仗。真的把這種寶物當作出行工具，還真是有點捨不得。

說起來，這種風氣都是南北朝的北方游牧民族帶來的。他們是在馬背上長大的民族，對於馬的熱愛程度更是與生俱來。

唐太宗特別愛馬，喜歡收集好馬，最著名的就是「昭陵六駿」，都是他騎過的寶馬。在他生前，這些馬陪過他；死後，他也要這些馬陪著他。所以找人做了這六匹馬的浮雕，立在自己的陵墓旁，可見他有多愛馬。

世界上的事歷來都是上行下效，皇帝那麼愛馬，當官的人能不跟著學嗎？所以在唐朝，無論是出門上班，還是逛街訪友，能騎匹高頭大馬，就是相當拉風的事情啦！

但這不代表在唐朝，所有人都有馬可騎。騎馬在很大程度上是一種身分與財力的象徵，就像現在不是人人都能開跑車一樣。在唐朝，假如你是個普通百姓，一個月的收入僅夠維持生活，但還想要代步工具，驢和騾子也是可以替代的選項。

我知道你老婆可能覺得驢和騾子不好看，有失大唐美女的風範，怎麼辦？你那麼愛老婆，不然就替她雇頂轎子吧？

那你可要辛苦了，真不知道要花多少時間

昭陵六駿，唐太宗李世民的戰馬

才能在唐朝找到一頂轎子，因為唐朝人基本上不用這種交通工具。

但是，唐朝有牛車啊！

除了馬以外，牛車倒是唐朝標準的婦女出行工具。除此以外，上流社會流行一種特別舒服的肩輿，中間有個像椅子的坐具，用兩根木棍撐起來，由兩個人肩挑著，很像現在常見的滑竿。不過，唐朝時期，肩輿多半是準備給年老體弱的人，就算年輕人要坐，也是那些身分高貴的美女，一般老百姓很少有人使用。

但如果你真的愛老婆愛到無可救藥的地步，那就大膽地用，反正自己的老婆自己愛，管別人說什麼。

三彩牛車（唐代），陝西省銅川市耀州區藥王山出土，陝西歷史博物館展出

唐朝也有大賣場

一切就緒，現在就要去逛長安城的花花世界啦！老是在電視上看到長安城裡店鋪林立、美女如雲的街景，尤其是晚上一片燈火通明的璀璨，熱鬧程度看起來一點不輸現代的城市。

不過我要再次提醒你，千萬不要相信電視劇的東西。

如果真的去了大唐，你會發現街道上哪有什麼美女，哪有什麼商鋪，就連燒餅攤都找不到，更別說晚上的繁華了。你敢在晚上的長安城逛一圈，小心被當作壞人抓起來。

難道長安城一夜之間蕭條了？還是傳說中的繁華全是假的呢？

怎麼會是假的？我怎麼可能會帶你看一個假的長安城呢？只不過，長安城的商業區與住宅區不在一起，這叫做「坊市制度」。從漢朝建立了中國歷史上第一個規模最大的城市「漢長安」開始，城市布局就一直實行這個制度，居民住的地方和買東西的市場嚴格區分開來。住的地方叫「坊」，買東西的地方叫「市」。市分一東一西，你看，現在你說「買東西」的這個概念，最早就是從東、西二市來的。

唐朝的東市在整座城市的中軸線朱雀大街以東，離興慶宮和大明宮不算非常遠。附近住的都是達官貴人，出售的商品主要是服務這些有錢有權的人，至於普通百姓，還是去西市吧！西市周圍住的都是和你我一樣的普通人，那裡才是老百姓的超級大市場。

現在，就帶你去逛逛嚮往已久的大唐西市吧！

別怕沒有錢，我家是開印鈔廠的

臨出門前，又想起了一件事。你就知道逛街，錢準備夠了嗎？

你肯定一臉困惑，帶什麼錢呢？當然是麻錢。唐朝的通行貨幣是麻錢，對，就是外圓內方的那種，俗稱銅錢。

中國最早的銅錢不是唐朝才有，早在秦始皇還沒統一六國以前，秦國已經使用這種外圓內方的銅錢了。那時叫「半兩錢」，重量為十二銖，正好是半兩（一兩是二十四銖），所以就叫「半兩錢」。後來秦始皇統一六國後，把其他國家的貨幣全部廢除，全面用秦國的半兩錢。

到了漢朝建立初年，朝廷對貨幣進行改革，重新設計一種貨幣叫五銖錢，這種錢幣占領了中國的貨幣市場整整七百多年，直到唐朝時期才被另一種新型貨幣代替，就是非常有名的「開元通寶」。

開元通寶真正使用的時間是從唐高祖武德四年（西元六二一年）開始，之後一直穩居大唐貨幣市場第一位。安史之亂後，朝廷還發行過一種叫「乾元重寶」的貨幣，不過曇花一現，絲毫沒有改變開元通寶在整個大唐金融貨幣界的地位。所以在唐朝逛街，口袋裡裝些開元通寶還是非常有必要的。你說什麼？帶銀子不是更好嗎？唐朝雖然金銀確實很值錢，卻不是流通貨幣，就像現在不能拿著一塊銀子到超市買大米是一樣的道理。

如果金銀不能用，大唐的貨幣類型未免太單一了，假如要買房子、置地產，要背多少簍銅錢才夠用呢？

如果你想要做個合格的大唐人，必須學會使用並生產唐朝的另一種貨幣，就是絹帛。用絹帛做為貨幣使用，在唐朝受到法律保護。西元七三二年，就是開元二十年，有一條法律規定：「綾、羅、絹、布、雜貨等，交易皆合通用；如聞市肆必須見錢（現有的錢），深非道理。自今以後，與錢貨兼用，違者罪之。」什麼意思呢？就是說像綾、羅、絹、布這些可以和錢一起使用，如果聽到哪個商家說只要現錢不要絹帛，那可是會吃上官司的。

為了維護絹帛在錢幣界的地位，到了西元七三四年，又有一條新的法律說：「貨物兼通，

大名鼎鼎的開元通寶

乾元重寶

將以利用。而布帛為本，錢刀是末，賤本貴末，為弊則深，法教之間，宜有變革。自今以後，所有住宅、口馬交易，並先用絹、布、綾、羅、絲、綿等，其市價一千以上，亦令錢物兼用，違者科罪。」這條法律在確定了絹帛合法性的同時，也規定了絹帛的使用範圍，主要是用在大宗買賣，並且可以和貨幣同時使用。特別指出，絹帛的價值在銅錢之上。

我覺得這些非常容易理解，買房子、置地產，如果拿痳錢支付，用的錢幣估計可以堆座小山了，而質料很好的絹絲不會占用那麼大的空間。但如果只想買個胡餅，痳錢就足以應付了。若非要改用絹帛支付，請問你準備給老闆撕多大一條絹呢？一寸？十公分？你是要讓他拿回去當拖把嗎？

何況絹帛被你撕成那麼細小的條狀，基本上就是廢布了，估計連一個銅錢都不值。因為唐朝絹帛的使用也有規定，如果長度和寬度不能達到標準，就是一塊沒有用的碎布頭。但如果是整匹上好的絹帛，尺寸又合規矩，一定價值連城。所以在唐朝，娶個心靈手巧、會織布的老婆可不得了，等於是你們家開了一間印鈔廠啊！

唐朝人的超級大市場——大唐西市

大唐西市位於群賢坊和延壽坊之間的位置，緊鄰著長安城最西面的金光門。

說到大唐西市的歷史，早在隋朝時期就有了，直到唐朝，大唐西市存在了三百多年。從目前的商業競爭環境來看，哪一家商業集團想要超過這個時間，估計可能性不會太大。

從外觀上來看，大唐西市好像一座方方正正的小城，南北長一〇三一公尺，東西寬九二七公尺，是一座占地面積將近一平方公里的超級大市場。四面有高高的圍牆，每面牆上各有兩道大門。八道大門，兩兩呼應，連通成市場內的東西南北四條大街，街寬十六公尺，縱橫交錯，形成一個大大的「井」字，整整齊齊地把市場劃分成一個九宮格，在九宮格裡，排列著大大小小四萬多家商鋪。

每天正午時分，太陽剛到頭頂時，隨著開市的鼓聲響起，八道大門同時打開，西市開市了。

據說大唐西市裡做生意的有二百多種行業，賣糧食的米麥行；賣布的布帛行；賣木材的木材行……凡是叫「行」的都是一些大的商鋪；小店面叫肆，如賣酒的酒肆、賣牲口和奴婢的口馬肆、賣喪葬用品的凶肆、賣餅的餅肆，胡餅、湯餅等都能買到；還有一些店鋪，例如金店，是做黃金交易的地方，如果你手上有黃金，可以在這裡兌換成現錢；打鐵的鐵鋪；賣飯的飯鋪。以及藥鋪、陶器鋪、鐵器鋪等，總之行肆櫛比，店鋪林立，賣什麼的都有，買什麼的也都有。

南大街的張家樓是整條街最好的餐飲店，常接婚宴，多的時候能擺三、五百人的宴席；市場正中心有間大衣行，來這裡的都是有錢女人。用現在流行的話說，這裡賣的都是名牌奢侈品，引領大唐女性服裝時尚最前線。這些店鋪裡，最有特色的算是波斯邸了。

波斯邸是胡人在大唐西市開的店鋪，這些胡人在當時有個名字叫「西市胡」，他們沿著絲綢之路由西而來，經金光門進入長安城，直接來到西市交易。這些西市胡大部分來自回鶻、龜茲、大食和波斯等地。到了長安後，有的住在西市，有的住在西市附近的坊上。他們在西市的經營範圍非常廣，什麼生意都做，不過最多的還是珠寶和邸店，但他們做得最好的是酒肆。胡姬的酒肆就是這些西市胡在大唐餐飲業的金字招牌。

除了這些來自西域的胡商，大唐西市每天還往來五湖四海的客商，他們東西南北無所不至，各類貨色都經營，在西市賺了不少錢。聽我說得這麼精采，你是不是突然萌生了想要在大唐西市做買賣的想法？我就知道，只是……沒有資金怎麼辦？

聽，馬上插播一段廣告——找資金，上質庫啊！

質庫，說白了就是當鋪。說得再通俗點，就是辦理抵押貸款的地方。別看唐朝早現在一千多年，金融市場可是一點都不落後，這種信貸業務早就興起了。只要有可以抵押的貨物，就能從質庫拿到錢。萬一沒有貨物抵押怎麼辦呢？只能選擇「公廨本錢」了。不過，有一點要事先說清楚，「公廨本錢」的利息非常高，通常的月利率達到百分之五到八，也就是說借一百元，到年底連本帶利至少要還一百六十元。所以，這種貸款還有個名字，就是「高利貸」。

什麼？你說找貸款還是銀行比較安全？能在大唐西市找到銀行辦貸款嗎？

大唐西市的確有類似銀行的機

騎駝胡人小憩俑（唐代），西安博物院展出

構，叫櫃坊。不過查了一下他們業務範圍，還真的沒有信貸。西市的銀行（櫃坊）只辦理存取業務，遠道而來的客商，身上難免帶著大量財物，萬一住旅館遇到小偷怎麼辦呢？他們可以放心地把這些財物存在櫃坊，但別想讓櫃坊的老闆支付利息，相反的，你的東西要存放在那裡，還要支付保管費呢！

不過，你好像不需要在櫃坊存放財物吧？因為你身上除了幾個銅錢外，估計什麼都沒有。如果真的想在西市做生意，只能寄望於白手起家。但你的雄心好像還滿大的，還沒開始就先擔心萬一在唐朝賺個盆滿缽滿，那麼多錢要怎麼運回二十一世紀呢？這裡又沒有銀行轉帳。

你多慮了，唐朝的金融業遠比你想像的興盛許多。客商真在西市賺夠錢，大可不必大包小包地用車拉回去，只需要把賺的錢放在你們當地駐長安辦事處，讓他們開張字據，再回到老家相對應的機構直接兌現就好啦！這張字據叫做「飛錢」。你看，這不就是現代人的轉帳支票嗎？但問題是唐朝的長安城能找到二十一世紀派來的辦事處嗎？就算真的找到了，他們給你的飛錢，回去以後，你又該在哪裡兌現呢？

看起來，縱然真的在西市賺了錢也帶不回去，算了，來一趟不容易，還是認真地吃喝玩樂吧！

沒有電影的日子裡看齣戲

不知道你有沒有逛過今天的大唐西市，當然今天的是在唐朝西市的基礎上重建，沒有了高高的圍牆，但「井」字型的街道依然縱橫交錯。偶爾也能遇到穿著外域服裝的「胡姬」，不過都是西安妹子假扮的。

如今，當年西市留下的街道遺址，能清楚看到一道一道的車轍印，彷彿還能看到當年車水馬龍的熱鬧場面。

西市距離我住的地方很近，步行十分鐘的路程。有時候週末會和先生到西市廣場看那些穿著異域服裝的美女們跳「胡旋舞」，或者在中影國際影城看電影。有一天，當我們看完電影走過西市風情街時，突然有一種時空錯位的感覺，覺得我們兩個真像是一千多年前剛在西市的戲院看完一齣戲的小夫妻。

當然，大唐人民沒有電影可以看，但他們卻看戲。假如真的能帶你們回到唐朝，除了在西市上看熱鬧外，一定還要帶你們去看戲。

唐朝人看戲，首選的場所是寺院。因為當時的寺院流行一種說唱藝術叫「俗講」，其實就是一種由僧人們做為演員的脫口秀。他們把佛經的故事結合老百姓的生活，編成一種通俗易懂的變文，上至達官貴人，下至普通百姓，對這種變文的喜愛程度不亞於今天最喜歡聽的相聲。

不過比起這種變文，大唐人民似乎更愛看「百戲」。

百戲是一種流傳於民間的藝術形式，和用於宗廟祭祀與朝會大典上的正統音樂不同，這種更加通俗。早在秦、漢時期就已經存在，只是到了唐代，這種藝術有了更長足的發展。尤其到了唐玄宗時期，他不僅會當皇帝，更是個藝術天才，除了處理國家大事，還一邊談戀愛，一邊進行藝術培訓。「梨園」就是他辦的最大的藝術培訓學校，當時很多藝術家都在這所學校進修，最出名的莫過於沈妍與李龜年。

唐玄宗一直非常關注戲劇藝術，到什麼程度呢？據說有一年，長安城演百戲，這位皇帝一聽興致就來了，爬到城樓上觀戲，這戲整整唱了一個多月，他看戲的熱情還沒有減退，搞得文武百官都覺得太不像話了。那麼，那個時候的百戲都唱些什麼呢？

據說有一齣「缽頭戲」，講一個人的父親上山被老虎吃掉，他非常傷心，就去找老虎尋仇，經過一番搏鬥，終於把老虎殺死了。這是帶人物、劇情的表演，還配合音樂與舞臺動作，已經非常接近現代的戲曲藝術。

還有一種「參軍戲」，最初是講南北朝時期，有個參軍犯了貪汙罪，皇帝就讓一個唱戲的演員穿上他的衣服，扮成參軍的樣子受其他人嘲弄，有點嘲笑那位參軍的意思，所以帶有喜劇的色彩。後來慢慢流傳開以後，就形成了參軍戲。

還有一些戲雖然沒有人物劇情，但卻同樣吸引人，比方說繩技，有點像走綱絲。這是今天雜技的絕活，但唐朝就已經有人在耍了。

說著說著，耍猴的也來了，這是唐朝雜技表演中的「弄猢猻」。當時的長安城，靠養猢猻表演雜技的人很多。據說，有人就是靠著替皇帝表演耍猴子，把皇帝哄得高興了，就賞了五品官給他，讓天下一時間有很多人都盼著能憑猴子飛黃騰達。「何如買取猢猻弄，一笑君王便著緋。」說的就是這件事。

除了雜技，魔術也已經進入大唐人民的娛樂節目，例如口中吐物、自斷手足，看得驚心動魄；還有玩得更離奇的，有個出家人吹口氣就能變成尊佛像；還有人朝牆上噴口水，牆上頓時冒出彩畫；更神奇的是，有人能把活生生的車馬人物裝進一個小小的瓶子裡；還有人能在一個空空的盒子裡瞬間變出滿滿的桔子。這些魔術表演一點都不輸劉謙，讓你看得目瞪口呆，早就忘記自己在哪朝哪代了吧！

但是戲再好看，也會有結束的時候，別忘了你是在唐朝，唐朝有宵禁制度。眼看太陽就要偏西，再不趕緊回家，坊上的大門一關，你連露宿街頭都不行。

所以到了這裡，就是再捨不得，也要和大家說再見了。

HISTORY 系列 057

時尚大唐：泡酒吧、迎娶闖關、造型假髮……你玩的，都是唐朝人玩剩的

作　者—王一凡
主　編—邱憶伶
責任編輯—陳映儒
行銷企畫—林欣梅
封面設計—兒日
插　畫—久久童話工作室
內頁設計—張靜怡

編輯總監—蘇清霖
董 事 長—趙政岷
出 版 者—時報文化出版企業股份有限公司
一〇八〇一九臺北市和平西路三段二四〇號三樓
發行專線—（〇二）二三〇六—六八四二
讀者服務專線—〇八〇〇—二三一—七〇五
（〇二）二三〇四—七一〇三
讀者服務傳真—（〇二）二三〇四—六八五八
郵撥—一九三四四七二四時報文化出版公司
信箱—一〇八九九臺北華江橋郵局第九九號信箱

時報悅讀網—http://www.readingtimes.com.tw
電子郵件信箱—newstudy@readingtimes.com.tw
時報出版愛讀者粉絲團—https://www.facebook.com/readingtimes.2
法律顧問—理律法律事務所　陳長文律師、李念祖律師
印　刷—和楹印刷有限公司
初版一刷—二〇二一年一月八日
定　價—新臺幣三八〇元
（缺頁或破損的書，請寄回更換）

時報文化出版公司成立於一九七五年，
一九九九年股票上櫃公開發行，二〇〇八年脫離中時集團非屬旺中，
以「尊重智慧與創意的文化事業」為信念。

時尚大唐：泡酒吧、迎娶闖關、造型假髮……你玩的，都是唐朝人玩剩的 / 王一凡著 . -- 初版 . -- 臺北市：時報文化 , 2021.01
272 面；14.8×21 公分 . --(HISTORY 系列；57)
ISBN 978-957-13-8489-4（平裝）

1. 社會生活　2. 生活史　3. 唐代

634　　109019458

ISBN 978-957-13-8489-4
Printed in Taiwan